Los jardines

El hombre en los campos

Viera y Clavijo

Obras completas
Rafael Padrón [dir.]

Los jardines

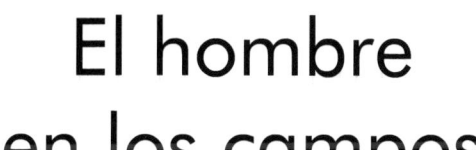

El hombre
en los campos

Edición, introducción y notas de
Nathalie Le Brun
Manuel de Paz Sánchez

José de Viera y Clavijo
Los jardines
El hombre en los campos

Colección dirigida por: Rafael Padrón Fernández

Comité científico:

Joaquín Álvarez Barrientos (CSIC), Pedro Álvarez de Miranda (UAM), Francisco Andújar Castillo (UAL), Jorge Chen Sham (Universidad de Costa Rica) José Antonio Ferrer Benimelli (UZ), David T. Gies (University of Virginia), Richard Kagan (Johns Hopkins University), Bernard Lavallé (Université Paris III), José Martínez Millán (UAM), Consuelo Naranjo Orovio (CSIC), Miguel Ángel Puig Samper Mulero (CSIC), Lydia Vázquez Jiménez (UPV)

Directora de arte: Desirée Rosendo

Primera edición en Ediciones Idea: 2024
© De la edición:
  Ediciones Idea, 2024
© De la edición, introducción y notas:
  Manuel de Paz Sánchez y Nathalie Le Brun, 2024

Ediciones Idea

· San Clemente, 24, Edificio El Pilar
38002 Santa Cruz de Tenerife.
Tel.: 922 532150
Fax: 922 286062
· León y Castillo, 39 - 4º B
35003 Las Palmas de Gran Canaria.
Tel.: 928 373637 - 928 381827
Fax: 928 382196
· correo@edicionesidea.com
· www.edicionesidea.com

Fotomecánica e impresión: Gráficas Tenerife, S.A.
Impreso en España - Printed in Spain
ISBN Obra Completa: 978-84-9941-894-0
ISBN: 978-84-19681-72-0
Depósito legal: TF 24-2024

Este libro protege el entorno

Sumario

Introducción

Se recogen en la presente edición las dos obras principales de Delille, que Viera y Clavijo tradujo en diferentes momentos de su vida, de acuerdo a los cánones de su tiempo, es decir, con bastante libertad a la hora de suprimir párrafos y de recrear algunos pasajes.

El poeta francés Jacques Delille, conocido personalmente por Viera y Clavijo tal como recordará en la nota preliminar de la segunda de las obras editadas seguidamente, nació en Auvernia, probablemente en Clermont-Ferrand, en 1738, y falleció en París, en 1813, justamente en el mismo año que el canario, que era siete años mayor que él. Hijo natural, fue reconocido por Antoine Montanier, abogado del Parlamento, que murió poco después, habiendo testado una modesta pensión de cien escudos. Pasó parte de su infancia y realizó sus primeros estudios en Chanonat, una localidad situada a una docena de kilómetros de Clermont-Ferrand, y posteriormente en París, concretamente en el Colegio de Lisieux. Durante un tiempo ostentó el título de abad de la abadía de San Severino, en la diócesis de Poitiers, pero abandonó la carrera eclesiástica y obtuvo autorización para contraer matrimonio.[1]

---

[1] Para una biografía más completa de Jacques Delille, se pueden consultar el artículo «Delille» en Charles Weiss (dir.), *Biographie universelle du Dictionnaire historique,* t. 2 (CHA-GER), París, Furne et Cie, 1841, p. 329;

Jacques Delille ejerció la docencia en diferentes lugares. Demostró grandes aptitudes para la poesía didáctica. El éxito le sobrevino a raíz de su traducción de *Las Geórgicas* de Virgilio, que dio a la estampa en 1770. Voltaire alabó la obra, indicando que «no se podía rendir mejor tributo a Virgilio y a la nación». En 1774, tras un intento fallido dos años antes, fue elegido miembro de la Academia Francesa y, además, pasó a ocupar el sillón de poesía latina en el Collège de France. En 1782, publicó *Les Jardins ou l'art d'embellir les paysages*, que pasa por ser su poema más célebre. En 1799 se casó con Marie-Jeanne de Vaudechamps, con la que había convivido desde 1786. Sobre ese año viajó a Lorena y Alsacia, donde conoció a los gobernadores y oficiales del ejército de esta parte del país. Es posible que la temporada pasada en esta zona le haya permitido fortalecer una red de contactos que, más adelante, lo pondrían en relación con la imprenta de Levrault, una de las más importantes de Estrasburgo, aunque especializada en publicaciones oficiales y no en obras de literatura.[2] Gracias a la casa Levrault, las primeras ediciones de *L'homme des*

François-Xavier de Feller [y Perennès], «Delille», en *Biographie universelle ou Dictionnaire historique des hommes qui se sont faits un nom par leur génie, leurs talens, leurs vertus, leurs erreurs ou leurs crimes,* nueva ed. de Perennès, Besançon / París, Outh-Chalandre / Méquignon y Leroux-Gaume, vol. 4, 1844, pp. 245-248; Louis Audiat, *Un poète abbé, Jacques Delille (1738-1813),* París, Arthur Savaète, 1905; Académie Française, Les immortels: «Jacques Delille», en línea <https://www.academie-francaise.fr/lesimmortels/jacques-delille>.

[2] Frédéric Barbier, «L'imprimerie strasbourgeoise au siècle des Lumières (1681-1789)», *Revue d'histoire moderne et contemporaine,* vol. 24, nº 2, 1977, p. 184.

champs ou Les Géorgiques françoises se publicarían en 1800.[3] También es cierto que la temporada pasada en Suiza en la década posterior, en la zona fronteriza de Basilea, pudo permitirle acercarse a las imprentas de la ciudad alsaciana, situada en la ruta comercial entre Italia y Flandes, y donde el arte tipográfico estaba particularmente bien desarrollado desde el siglo XVI.[4]

El estallido de la Revolución, en efecto, perjudicó los intereses materiales del poeta, que tuvo que marchar, primero, en 1794, a Saint-Dié (en los Vosgos), y luego al exterior, pasando a residir en Suiza, Alemania e Inglaterra. Durante su exilio en Suiza, estimulado por su mujer, fue cuando compuso precisamente *L'homme des champs* e inició la elaboración de *Les trois règnes de la nature*. En Alemania escribió *La Pitié* y, finalmente, tradujo *Paradise Lost* de Milton, coincidiendo con su estancia en Londres.

Retornó a Francia en 1802, año en el que Viera y Clavijo tradujo *L'homme des champs*. Volvió a ocupar su puesto en la Academia y en el Collège de France. Falleció, ciego como Homero, a principios de mayo de 1813, como ya se dijo.

La naturaleza por la que Delille se siente atraído en sus dos poemas no es únicamente la naturaleza salvaje e indó-

---

[3] La obra que salió de las imprentas de Levrault estaba disponible en diferentes calidades de papel, en diferentes formatos (in-4; in-8; in-12 e in-18), con o sin grabados. El precio variaba de 60 céntimos a 72 francos (Aubin-Louis Millin, «Poésie. L'homme des champs ou géorgiques françoises, par Jacques Delille. A Strasbourg, de l'imprimerie de Levrault, an 8», *Magasin encyclopédique ou Journal des sciences, des lettres et des arts, rédigé par A. L. Millin*, París, Fuchs, 1800, p. 51).

[4] Frédéric Barbier, «L'imprimerie strasbourgeoise au siècle des Lumières (1681-1789)», *Revue d'histoire moderne et contemporaine*, vol. 24, n° 2, 1977, p. 163.

mita sobre la que el hombre no pone su mano, ni tampoco es solo la que se encuentra en los grandes jardines diseñados en Europa por André Le Nôtre (1613-1700), como los de Versalles y Chantilly, o por William Kent (1685-1748), en Inglaterra. También es la de los grandes entornos parisinos, el Jardín del Rey –que, en 1793, pasaría a nombrarse Jardín de las Plantas del Museo de Historia Natural–, donde a lo largo de la segunda mitad del siglo XVIII los viajeros y naturalistas reunieron especies y variedades vegetales, animales, tanto autóctonos como exóticos, en un intento de reproducir el mundo en miniatura. Asimismo, la naturaleza descrita es la del agricultor y agrónomo que, en esa misma época, se estaba interesando por las aplicaciones utilitarias de la botánica.[5]

Juan Andrés señaló, ya en su época, que «el título de *El hombre de la campiña* no nos muestra con bastante claridad cuál es el objeto del poeta, si quiere describir a un campesino o a un ciudadano afincado en el campo, fuera de la ciudad, o bien a un hombre que se ocupa de cuidar de sus campos; el subtítulo, *Las Geórgicas francesas*, parece apuntar a esto último y el poema puede referirse en el caso de los franceses al cuidado de sus campos, como el de Virgilio lo enseñaba a los romanos. Pero, leyendo el poema, quedamos más y más desconcertados, porque en ocasiones se habla de un hombre que, retirado a un pueblo en el campo, disfruta

---

[5] Sobre este particular, véase, por ejemplo, Patrick Bungener, «La botanique au service de l'agriculture. L'exemple des savants genevois», en P. Robin, J.-P. Aeschlimann y C. Feller (eds.), *Histoire et agronomie: entre ruptures et durée*, París, IRD, 2007 pp. 285-302; Gilles Denis, «Agriculture, esprit du temps et mouvement des Lumières», *Histoire & Sociétés Rurales*, vol. 48, nº 2, 2017, pp. 93-136: <https://doi.org/10.3917/hsr.048.0093>.

de la compañía del párroco, el maestro de escuela, los juegos de los niños y otras diversiones aldeanas, en ocasiones se dirige al agricultor, otras al naturalista y al botánico y al final se le dan lecciones al poeta». No obstante, añade el crítico levantino, «si en este no se presentan rasgos tan luminosos como en el poema *De los Jardines*, destacan en cambio algunos versos hermosos, y Delille se muestra en él en todo momento poeta».[6] Según la profesora Victoria Galván, «en la poesía descriptiva francesa el nombre de Delille destaca entre una nómina extensa, ocupando una posición de privilegio. Su traducción de *Las Geórgicas* suscitó comentarios diversos, que discutían su atrevimiento. El triunfo de la agronomía –en la Francia de los fisiócratas– coadyuvó al éxito de sus poemas de la naturaleza, como el que versa sobre el arte de hermosear los jardines».[7]

Si bien la historia natural, en sus más diversas expresiones, fue el objeto de estudio del insigne naturalista Georges-Louis Leclerc, conde de Buffon (1707-1788), la agricultura estaba en el centro de todos los debates del siglo XVIII, tanto en los económicos, iniciados por los fisiócratas, como en los filosóficos y artísticos, siendo la literatura pastoril o campestre una de las diversas manifestaciones de esta orientación. En Francia, esta representación de la agricultura como «primera de las artes» y fuente de riqueza, que compartían los científicos y literatos, y constituía una de las bases del movimiento ilustrado, se asoció, desde

---

[6] Juan Andrés, *Origen, progresos y estado actual de toda la Literatura*, vol. VI (Ciencias eclesiásticas, addenda, onomástica), Madrid, Verbum, 2001, pp. 724-725.

[7] Victoria Galván González, «La poesía traducida de Viera y Clavijo», Dicenda: Cuadernos de Filología Hispánica, nº 20, 2002, p. 77.

el punto de vista sociopolítico, a un rechazo del Antiguo Régimen que llevaría, en 1789, al inicio de la Revolución francesa,[8] ideas a las que, sin embargo, Delille era hostil. El ambiente de aquella Europa, y especialmente de aquel París que conoció Delille, pudo impregnarse en José de Viera y Clavijo en dos ocasiones, durante un viaje realizado a Francia y Flandes en 1777 y 1778, y otro, a Italia y Alemania, en 1780 y 1781. En ambas ocasiones, el canario pasó temporadas en la capital francesa, donde frecuentó los círculos científicos y literarios, y conoció a algunos de sus más eminentes representantes, como Daubenton, D'Alembert, Condorcet, La Harpe y el propio Jacques Delille.[9] A pesar de un cierto estancamiento respecto al desarrollo científico que conocía los países del norte de Europa, España ya contaba con su Real Jardín Botánico de Madrid desde 1755 y había introducido conocimientos científicos y técnicos.[10] Por su lado, las islas Canarias, pese a la distancia que las separaba de los grandes centros europeos, tampoco quedaban totalmente ajenas a la ciencia botánica y agrícola. Bien es conocida la creación en 1788, en La Orotava (Tenerife), del Jardín de Aclimatación, una iniciativa de Alonso de Nava y Grimón (1757-1832), VI marqués de Villanueva del Prado que, como su nombre indica, se adhería a las teorías botánicas y se adaptaba a los programas agrícolas de la época: se trataba de reunir en este estable-

---

[8] Gilles Denis, «Agriculture, esprit du temps et mouvement des Lumières», *Histoire & Sociétés Rurales,* vol. 48, nº 2, 2017, p. 126.

[9] Rafael Padrón Fernández, «Introducción», en José Viera y Clavijo, *Diario de viaje a Francia y Flandes,* ed., intr. y notas de Rafael Padrón Fernández, La Laguna, Instituto de Estudios Canarios, 2008, pp. C-CXXIII.

[10] Ibíd., pp. CXLVII-CXLVIII.

cimiento vegetales procedentes de climas cálidos con vistas a su posterior transmigración hacia los jardines peninsulares. El propio marqués y otro isleño, Agustín de Bethencourt, realizaron una estancia en París unos años después de Viera, de 1784 a 1786, y regresaron posteriormente a Tenerife con un bagaje científico e ilustrado adquirido en la capital francesa,[11] lo que pudiera hacer de ellos, y de algunos otros pocos isleños ilustrados, posibles lectores de la obra de Delille o de su traducción por Viera. De hecho, según consta en trabajo realizado por María del Carmen Marrero Marrero sobre la catalogación del fondo francés de la Biblioteca Nava, hoy custodiada por la Real Sociedad Económica de Amigos del País de Tenerife, además de la primera edición de *Les jardins ou l'art d'embellir les paysages* y de una edición revisada, de 1818, de *L'homme des champs ou Les Géorgiques françaises*, la rica biblioteca del marqués contaba con una serie de obras póstumas del poeta francés escritas en prosa y en versos.[12]

Respecto a las dos obras de Jacques Delille que Viera se propuso traducir, se habían publicado posteriormente a las dos estancias de este último en Francia. *Les Jardins ou l'art d'embellir les paysages*, editada por primera vez en París en 1782, fue traducida en 1790, según una indicación que da el propio escritor canario en la «Advertencia del traductor»

---

[11] Rafael Padrón Fernández, «Sobre la formación francesa ilustrada de Alonso de Nava y Grimón, VI marqués de Villanueva del Prado», *Anuario del Instituto de Estudios Canarios*, n° 47, 2002, pp. 418-433.

[12] María del Carmen Marrero Marrero, *El fondo Nava de la Biblioteca de Nava*, San Cristóbal de La Laguna, Real Sociedad Económica del Amigos del País de Tenerife, 1997, pp. 289-290. Sobre la constitución de esta biblioteca, véase también Rafael Padrón Fernández, art. cit., pp. 407-411.

que precede la traducción de la segunda obra, *L'homme des champs ou Les Géorgiques françoises*. La idea de realizar semejante labor habría surgido durante una conversación que el canario habría tenido con Gaspar de Jovellanos, quien deseaba que alguien pusiera al castellano el poema.[13] En cuanto al poema *L'homme des champs*, Viera lo descubrió y leyó un año después de su publicación, es decir, en 1801, y en 1802, su traducción estaba terminada. A partir de estos manuscritos autógrafos se hicieron múltiples copias, que, hoy en día, se encuentran dispersas en bibliotecas del archipiélago canario y de Madrid.[14] La copia de manuscritos y libros raros, que venían a enriquecer las bibliotecas de las familias ilustradas, no debió ser una práctica inhabitual, y son conocidos otros textos que, durante el siglo XIX, se difundieron mediante la copia de manuscritos custodiados por familias isleñas.[15]

Charles-François Bailly, en su manual del jardinero, un texto que se tradujo y divulgó en España en, al menos, dos ediciones consecutivas, escribió:

> Es cierto que el imitar la naturaleza presenta dificultades, pero también lo es que su estudio es encantador, y por eso los hombres sabios y los poetas más distinguidos han can-

---

[13] Agustín Millares Carló y Manuel Hernández Suárez [Antonio Vizcaya Cárpenter y Agustín Millares Sall], *Biobibliografía de escritores canarios (ss. XVI, XVII y XVIII)*, t. 6, Las Palmas de Gran Canaria, El Museo Canario, 1975-1993, p. 589.

[14] Ibíd., t. 6, pp. 589-590 y pp. 595-596.

[15] Otro caso conocido fue el poema de Viana, *Antigüedades de las islas Afortunadas,* impreso en 1604, de que se hizo copias manuscritas. A este respecto, véase María Rosa Alonso, *El poema de Viana. Estudio histórico-literario de un poema épico del siglo XIX*, Madrid, CSIC, 1952, pp. 28-32.

tado los jardines simétricos, y el poder que tienen sobre la imaginación, y han descrito su composición y disposición, como se puede ver en el poema de los jardines de Delille. No hablaré del poema de Rapin, ni del tratado teórico de la *construcción de los jardines* de Leblond, y ni de otras obras absolutamente desconocidas, pero no puedo menos de hacer mención del poema *de las estaciones* de Saint-Lambert, y del de los *jardines* en que Delille procuró propagar en Francia los jardines naturales que había mucho tiempo que estaban adoptados generalmente en Inglaterra, y hasta ahora poco eran desconocidos en el hermoso suelo de la Francia.[16]

José de Viera y Clavijo, en fin, fue el autor español que más material tradujo de la obra de Delille, pues, aparte de él, únicamente el caraqueño Andrés Bello (1781-1865) se ocupó de trasladar algunos fragmentos, aunque en cantidad muy inferior a la de Viera.[17] Victoria Galván ha señalado que la traducción de obras poéticas en la producción de Viera y Clavijo ocupa un espacio nada desdeñable, a tenor del número de obras, conservadas o no, que el propio autor incluye en sus *Memorias*. Hablamos de unas veintiocho traducciones, entre las que se menciona, con el número doce, *El hombre en los campos o Las Geórgicas* de Delille (Canaria, 1802), indi-

---

[16] C. Bailly, *Manual completo, teórico y práctico del jardinero, o Arte de hacer, y cultivar toda clase de jardines*, trad. y aum. José Garriga y Baucis, Madrid, Librería Pérez, 1830, pp. 82-83.

[17] Andrés Bello, «Poesías inéditas. Fragmento de una traducción del poema de Los Jardines de Delille», *El Repertorio Americano*, Londres, 1827, IV, pp. 1-10, y, también, *Miscelánea hispano-americana*, t. IV, Londres, 1829, pp. 1-10.

cando esta autora que «también se conservan otras copias con el título de *El Amador de los campos o Las Geórgicas*».[18] Entre las ventajas del *Grand tour* y de la cultura del viaje, según se ha señalado, se cuentan precisamente los «libros de viaje», mediante los que se dio a conocer en España la «nueva jardinería», mostrando ejemplos de otros países, tal como ha destacado Eva J. Rodríguez. Las descripciones de los viajeros españoles por Europa fueron, en efecto, un vehículo de transmisión del nuevo jardín paisajista que, según esta autora, resultó más eficaz que los propios tratados. Así por ejemplo, el *Viaje fuera de España* de Antonio Ponz, realizado en 1783 y publicado en 1785, con recorridos por Francia, Inglaterra, Holanda y Flandes, «es un delicioso trayecto por el frondoso paisaje que él había anhelado para nuestras provincias y contiene descripciones de los más conocidos jardines paisajistas».[19]

Pero, además, Rodríguez también recuerda que, entre 1780 y 1781, «el escritor José de Viera y Clavijo realizó su segundo viaje a Francia, Alemania e Italia acompañando al joven marqués de Santa Cruz y en su Diario (publicado en 1848) describe el jardín de Belœil. Este jardín es el que aparece en los famosos versos de Jacques Delille, "Los Jardines", que ensalzaban el jardín naturalista, los cuales fueron traducidos precisamente por él para Jovellanos», según había señalado previamente Victoria Soto Caba, en su

---

[18] Victoria Galván González, art. cit., p. 74.

[19] Eva J. Rodríguez Romero, «El jardín español en los escritos de los viajeros extranjeros», en Miguel Cabañas Bravo (coord.), *El arte español fuera de España*, Madrid, CSIC, 2003, p. 571.

ensayo «El jardín romántico en la España ilustrada: una visión en la literatura».[20]

Existe, en efecto, una referencia a Jovellanos y a *Los jardines o el arte de hermosear paisajes* en la carta que, como ha subrayado Rafael Padrón Fernández, dirige Viera y Clavijo, el 9 de abril de 1792, al marqués de Santa Cruz:

> Con esta ocasión diré que, en primera oportunidad de portador, pienso remitir a V. E. la traducción que hice durante algunos días de vacaciones del último verano, del célebre *Poema de los Jardines* del abate Delille, de la Academia Francesa. Acuérdome, que D. Gaspar de Jovellanos me hizo conversación alguna vez del gran deseo que tenía de que hubiese quien pusiese en verso castellano dicha preciosa obrita, y me parece que, respecto al corto tiempo que consumí en este trabajo, pues no excedió de mes y medio, y que lo tomé por pura diversión, no ha salido tan despreciable, y por lo mismo he querido dedicarla á mi querido ahijado el señorito marqués del Viso, poniendo su amable nombre a la frente del manuscrito.[21]

El jesuita Juan Andrés y Morell (1740-1817), humanista cristiano y crítico literario ilustrado, autor de una obra de gran calado, *Dell'origine, progressi e stato attuale d'ogni letteratura*, publicada por primera vez en italiano (Parma, 1782-1799), y posteriormente en Madrid en 1784-1806, aunque sin incluir la parte dedicada a las ciencias eclesiásticas, nos dejó una serie de reflexiones utilísimas sobre las obras que,

---

[20] Ibíd.

[21] José Viera y Clavijo, *Vos estis Sol. Epistolografía íntima (1770-1783),* ed. crítica de Rafael Padrón Fernández, CSIC, Madrid, 2008, pp. 261-262.

parcialmente traducidas por Viera y Clavijo –quizás con buen criterio–, recogemos en la presente edición.

Decía, pues, Juan Andrés que los poemas de Dorat y Le Mierre, coronados de efímero laurel, cedieron la palma a *De los Jardines* de Delille, que pronto se vio honrado en las gloriosas contiendas de compatriotas, que lo publicaron de varias formas y en varias ediciones, y extranjeros, que quisieron hacerlo suyo con muchas traducciones inglesas, italianas, alemanas y de otras naciones, y con sus elogios que contribuyeron todos a granjearle inmortalidad.[22]

Andrés alaba sobre todo la finura de su traducción francesa de *Las Geórgicas* de Virgilio que siempre harían las delicias de sus seguidores cultos, y respecto a su obra – dice–, supo evitar la dureza y la disonancia de los versos, la afectación de espíritu, la vana hinchazón y otros vicios que deformaban la poesía de la época, sabiendo «forjarse una versificación elegante y armónica y darnos graciosas y amenas descripciones y bellísimos lapsos poéticos». Sin embargo –añade–, «no sé si, pese a todo, dado el desarrollo íntegro del poema, merece los elogios que se le dispensaron con tanta magnanimidad. Los largos paseos por los jardines de Francia, Inglaterra, Polonia, España, China, de todo el mundo, los saltos súbitos a *cartujanos* y *trapenses*, a Versailles, La Valière, a Montespan, Vaucluse, a Petrarca y su Laura, a Radziwill, Cook, Abdolomino y tantos otros asuntos que el lector no se esperaba, las descripciones sobrado frecuentes y en ocasiones excesivamente extensas de una rosa, un árbol, el hombre, un peñasco y de cientos de cosas más no dejan espacio para tratar de forma didáctica el asunto de los jardines y, des-

---

[22] Juan Andrés, op. cit., pp. 724-725.

pués de leer los cuatro cantos de aquel poema, no se sabe lo que quiere el poeta con sus jardines».[23]

Principales características de las traducciones

Toda la problemática de la traducción escrita, sobre todo de un texto literario, y con mayor motivo de uno escrito en verso, estriba en la dificultad a la que se enfrenta el traductor de tener que conciliar la necesidad de atenerse a la forma y las palabras del texto con la de conservar su espíritu, un problema que el polígrafo Charles Batteux (1713-1870) ya había resumido de la siguiente manera en su artículo «Traduction. Version» de la *Encyclopédie*:

> Rien de plus difficile en effet, et rien de plus rare qu'une excellente traduction, parce que rien n'est ni plus difficile ni plus rare, que de garder un juste milieu entre la licence du commentaire et la servitude de la lettre. Un attachement trop scrupuleux à la lettre détruit l'esprit et c'est l'esprit qui donne la vie: trop de liberté détruit les traits caractéristiques de l'original, on en fait une copie infidèle.[24]

Este problema de la copia, al que remite la oposición entre los términos «versión» y «traducción» en este mismo artículo de la *Encyclopédie*, el historiador canario intenta

---

[23] Ibíd.

[24] Charles Batteux, «Traduction. Version (synonymes)», en Denis Diderot (ed.), *Encyclopédie ou Dictionnaire raisonné des sciences, des arts et des métiers par une société de gens de lettres* Neufchastel, Samuel Fauche, vol. 16 [TEA-VEN], 1765, pp. 510b-512a, en línea: <http://enccre.academie-sciences.fr/encyclopedie/article/v16-1549-0/>.

superarlo haciendo prevalecer la translación del espíritu de los textos sobre el apego escrupuloso a la forma y a las palabras. En muchas ocasiones, no duda en renunciar a los aspectos formales de los poemas para conservar el pensamiento de Delille, lo que, desde este punto de vista, lo convierte en un «traductor», según el sentido que le da a esta palabra el abate Batteux. De hecho, en su «Advertencia» que precede *L'homme des champs*, Viera advierte a sus lectores de esta forma de proceder al especificar:

> emprendí la presente traducción, apropiándome, en cierto modo, la obra original, para usar de ella con aquella juiciosa libertad que es indispensable, si se quiere que una poesía francesa salga en español más fluida, más concisa y, en algunas cosas, más perfecta [...].[25]

Se trata, sin duda, de una práctica común, suficientemente conocida y estudiada por los especialistas.[26] En 1880, Aubin-Louis Millin observó, en una reseña de la obra *L'homme des champs* que publicó en el *Magasin encyclopédique*, que, si

---

[25] Vid. «Advertencia del traductor», realizada por el propio Viera y Clavijo.

[26] Así, por ejemplo, afirma Victoria Galván González (en su trabajo «La poesía traducida de Viera y Clavijo», art cit., pp. 73-103) lo siguiente, concretamente en la p. 82: «En el último poema traducido con prólogo, *El Amador de los Campos* –según copia de J. Padilla conservada en El Museo Canario– [...], tras explicar las razones personales que motivaron su escritura, vuelve a comentar las omisiones, de individuos, acontecimientos políticos, a su juicio superfluos y de escaso interés [...]. Estas libertades [...] se hacen en aras de una buena traducción y, por tanto, aunque Viera respeta los originales, se toma pequeñas licencias. Conocida es la flexibilidad de los traductores del siglo XVIII y las varias posibilidades que oscilan desde la más pura traducción a la versión altamente modificada, que viene a ser una recreación del original».

bien era cierto que la fama de las obras de Delille traspasaba las fronteras francesas, no era porque hubieran sido traducidas, sino más bien «imitadas» en lenguas extranjeras.[27]

Basta con echar un vistazo a los aspectos formales de los textos para ver que Viera no respeta las estrofas del texto original, cambia la métrica y propone una composición propia. Este distanciamiento respecto del texto de referencia, a la literalidad, no es meramente lingüístico ni formal: se verifica también con ciertas ideas, ciertas referencias históricas o culturales presentes en las obras de Delille. El canario omite grandes fragmentos de casi todos los cantos de las dos obras, siguiendo una lógica y con un objetivo a veces difíciles de identificar, aunque, como sucedió con su traducción del poema de Racine sobre *La Religión*, solía comentar en notas marginales las razones que le habían llevado a realizar algún tipo de cambio o supresión relevante, pero no figuran, en el caso de *El hombre de los campos*, tales anotaciones, con lo que no pueden saberse con certeza las causas por las que el arcediano que quiso ser también botánico omitió buena parte de la retahíla de descripciones de Delille. Sin embargo, advierte al lector de su traducción:

> Como el señor Delille introduce en su poema algunos puntos que le eran demasiado personales o relativos a juegos, individuos y acontecimientos políticos de su país, en los cuales tenemos acá poquísimo interés, creí deber tomar el partido de omitirlos, bien seguro de que el lector no hará por eso ninguna pérdida sustancial.

---

[27] Aubin-Louis Millin, art. cit., p. 52.

Gracias a estas libertades que se toma el canario, la labor traductora se transforma en un trabajo de recreación literaria adaptada a un nuevo público, hispanohablante, situado fuera de Francia, pero que comparte con este un bagaje cultural heredado de la época clásica. Entre los procedimientos utilizados por Viera para llegar a este fin, aunque no lo hace de forma sistemática, conviene señalar una tendencia a la generalización, que intenta conseguir mediante la supresión de alusiones históricas o personajes concretos. En la traducción de *Les jardins*, por ejemplo, el «grand Henri» se convierte en «un joven real»;[28] Francia, en un «reino» sin identidad.[29] De las conquistas botánicas y agrícolas que los romanos hicieron en Oriente Medio y en la Galia solo subsisten las primeras en el texto de Viera.[30] También desaparece, para dar otro ejemplo, la mención al río Lignon y, con ella, la referencia implícita a la novela pastoral de Honoré d'Urfé, *L'Astrée* (1609), cuya trama transcurre en la zona de Forez (departamento del Loira), y no se conservan sino elementos pertenecientes a la tradición clásica griega.[31] Sin embargo, de la misma manera, omite mencionar a Abdolomino[32] y las representaciones de jardines en España.

---

[28] Jacques Delille, *Les jardins ou l'art d'embellir les paysages*, París, Valade / Cazin, 1782, p. 14 (canto I, v. 84), cfr. J. de Viera y Clavijo, *Los jardines o el arte de hermosear paisajes* (canto I, v. 99).

[29] Ibíd., p. 22 (canto I, v. 313), cfr. *Los jardines…* (canto I, v. 362).

[30] Ibíd., p. 44 (canto II, vv. 389 y 390), cfr. *Los jardines…* (canto II, vv. 427 y 428).

[31] Ibíd., p. 62 (canto III, vv. 427 y 428), cfr. *Los jardines...* (canto III, v. 502).

[32] El *Diccionario histórico* de Francisco Oliva (ed.), Barcelona, h. 1830, s. v. «Abdolónimo», dice, «Abdalónimo, Abdolónime […] príncipe de

Esta tendencia a despojar los textos de sus numerosas referencias a la geografía, historia y cultura francesas se repite, quizás con más fuerza todavía, en la traducción de *L'homme des champs ou Les Géorgiques françoises*. No en vano con Viera desaparece del título de la obra el adjetivo «françoises» de suerte que el nuevo poema pasa a denominarse *El hombre de los campos o Las Geórgicas de Jacob Delille*. Además, no solo se suprimen de ella numerosas menciones a artistas (como al actor Molé), escritores (como Boileau-Despréaux), botánicos y agrónomos franceses (como Duhamel), sino que dicha obra pierde la dimensión personal que Delille había procurado darle, al optar Viera por omitir prácticamente todas las referencias biográficas al creador inicial, como por ejemplo aquellas a la tierra donde pasó su infancia –la llanura de Limagne, Chanonat–, a Francia, la «patria», que se evocan en varias ocasiones en primera persona, e incluso el guiño a la posible futura impresión del poema en papel vitela de Annonay. La misma suerte se reserva, bajo la pluma de Viera, a las insinuaciones y breves alusiones a los momentos angustiosos vividos por quienes no estaban conformes con las ideas de la Revolución, como Chrétien de Lamoignon de Malesherbes,

---

Sidonia. Se vio obligado a cultivar la tierra para subsistir. Alejandro el Grande, que era árbitro de los tronos, se apoderó del de Stralon, rey de Sidón, para entregarlo a Abdolónimo, a quien preguntó: "¿cómo habéis podido soportar tanta miseria? –Plegue a Dios, le contestó, que pueda con tanta facilidad resistir tanta grandeza. Nada me ha faltado en la carrera miserable de la vida, pues mis manos han remediado todas mis necesidades". Alejandro admirado de esta respuesta, juntó a sus estados otra porción de tierra y le regaló parte del botín cogido a los persas. Delille sacó de la historia de este príncipe un hermoso episodio, con el cual enriqueció su poema de *Los Jardines*, y Picard compuso del mismo un cuento moral».

víctima de la guillotina en 1794, al que Delille hace referencia en *Les jardins*,[33] o como el propio Delille, que recuerda, en *L'homme des champs*, el dolor sufrido al tener que abandonar el país bajo el Terror.[34] En cambio, en dos ocasiones Viera no vacila en introducir menciones implícitas a las islas Canarias, a la naturaleza que las caracteriza y lo que ofrecen a los naturalistas curiosos. Así, con Viera, el «lichen parasite» de Delille se transforma en «la tintorera canariense orchilla»,[35] y las anomalías de la naturaleza que se exhiben en los gabinetes de historia natural, como los cuerpos embalsamados sin procedencia especificada, en «guanches sin corrupción, momias egipcias».[36]

La presente edición

Para la edición de *Los jardines* se han utilizado dos de los manuscritos apógrafos conservados, uno de ellos custodiado en Madrid (versión matritense), en la Biblioteca Nacional (ms. 10715),[37] y el otro en Canarias, concretamente en los fondos de la Biblioteca de Humanidades de la Uni-

---

[33] Jacques Delille, *Les jardins...*, op. cit., 1782, p. 45 (canto II, vv. 410-412).

[34] Jacques Delille, *L'homme des champs ou géorgiques françoises*, Estrasburgo, Impr. Levrault, año VIII (1800), p. 112 (canto III, v. 377).

[35] Ibíd., p. 118 (canto III, v. 508), cfr. José de Viera y Clavijo, *El hombre de los campos* (canto III, v. 516).

[36] Ibíd., p. 123 (canto III, v. 623), cfr. *El hombre de los campos* (canto III, v. 620).

[37] Biblioteca Nacional de España, Madrid, ms. 10715: *Los jardines o El arte de hermosear paisajes.* [Nota]: *El traductor, don Joseph de Viera y Clavijo. A su ilustre y muy caro ahijado, el Ex.ᵐᵒ S.ᵒʳ Josef de Silva Waldstein, marqués del Viso, primogénito del Ex.ᵐᵒ marqués de S.ᵗᵃ Cruz, Grande de España. Desde la isla de Gran Canaria, a 8 de mayo de 1791.*

versidad de La Laguna (versión lacunense), siendo este último una copia realizada o recogida por Alejo de Ara.[38] Cuando ha sido necesario se han anotado las diferencias entre ambas copias, ya que ninguna de las dos posee rango de original. El manuscrito autógrafo de *El hombre en los campos*, por su lado, se conserva en el archivo de la Real Sociedad Económica de Amigos del País de Tenerife (La Laguna). Existe otro manuscrito autógrafo de Viera en El Museo Canario, con variantes textuales, que lleva por título *El amador de los campos*.

En términos generales, se ha modernizado la ortografía, aunque cuando se ha considerado conveniente se especifican las modificaciones a pie de página.

A la hora de cotejar las traducciones de Viera con los textos de Jacques Delille, hemos utilizado las primeras ediciones de los textos, a saber, en el caso de *Les jardins ou l'art d'embellir les paysages*, la edición de 1782, en París, por los libreros Valade y Cazin; y, para *L'homme des champs ou Les Géorgiques françoises*, la de 1800, por la casa Levrault de Estrasburgo.

Por otro lado, para las notas eruditas relacionadas con temas mitológicos se han utilizado, principalmente, dos obras de referencia. El *Diccionario de mitología griega y romana* de Pierre Grimal (2002) y, asimismo, el *Diccionario abreviado de la fábula* de Mr. Chompré (edición en español

---

[38] Biblioteca de la Universidad de La Laguna, Fondo Antiguo, ms. 70: *Los jardines. Poema en cuatro cantos escrito en francés por el abate Delille y traducido al castellano por don José Viera y Clavijo, 1796. Alejo de Ara.*

de 1783),[39] lo que pareció conveniente ya que esta última obra es contemporánea de Delille y, obviamente, del propio Viera y Clavijo quien, además, fue comisionado por la Real Academia de la Historia para informar sobre la edición en castellano de esta obra, que obviamente resultó favorable. En su dictamen, datado en Madrid, a 12 de septiembre de 1783, señaló también algunos matices que fueron incluidos en la edición de la obra.[40]

Bibliografía

ACADÉMIE FRANÇAISE, «Les immortels: Georges-Louis Leclerc, comte de Buffon, n° 215ӧ», en línea: <https://www.academie-francaise.fr/les-immortels/georges-louis-leclerc-comte-de-buffon>.

—, «Les immortels: Jacques Delille», en línea: <https://www.academie-francaise.fr/les-immortels/jacques-delille>.

ALONSO, María Rosa, *El poema de Viana. Estudio histórico-literario de un poema épico del siglo XIX*, Madrid, CSIC, 1952.

AUDIAT, Louis, *Un poète abbé, Jacques Delille (1738-1813)*, París, Arthur Savaète, 1905.

BABEIX, Corine, «La création du jardin botanique de la Marine de Toulon», en Musée balaguier (ed.), *Le*

---

[39] Se imprimió por Manuel de Sancha, en la capital de España y en la fecha indicada. Hemos utilizado la edición facsímil de Librerías París-Valencia, Valencia, 2000.

[40] Vid., en esta misma colección, el tomo intitulado *Reales Academias*, Santa Cruz de Tenerife, 2017, pp. 155-157.

Voyage des plantes. Le jardin botanique de la Marine (1766-1890), Seyne-sur-Mer, s. n., 2008, pp. 27-30.

BARBIER, Frédéric, «L'imprimerie strasbourgeoise au siècle des Lumières (1681-1789)», *Revue d'histoire moderne et contemporaine*, vol. 24, nº 2, 1977, pp. 161-188.

BATTEUX Charles, «Traduction. Version (synonymes)», en Denis Diderot (ed.), *Encyclopédie ou Dictionnaire raisonné des sciences, des arts et des métiers par une société de gens de lettres*, vol. 16 [TEA-VEN], Neufchastel, Samuel Fauche, 1765, pp. 510b-512a, en línea: <http://enccre.academie-sciences.fr/encyclopedie/article/v16-1549-0>.

BERTHELOT, Sabin, «Árboles y bosques (páginas de un libro inédito)», *Revista de Canarias*, nº 17, 8 de agosto de 1879, pp. 257-259.

—, *Árboles y bosques* [1880], introducción de J. Enrique Jiménez, Santa Cruz de Tenerife, col. «Territorio canario», 2005, pp. 52-53.

BLANCKAERT, Claude, «Les animaux 'utiles' chez Isidore Geoffroy Saint-Hilaire: la mission sociale de la zootechnie», *Revue de synthèse*, nº 113, 1992, pp. 347-382.

BORY DE SAINT-VINCENT, Jean-Baptiste Geneviève Marcellin, *Essais sur les îles Fortunées et l'antique Atlantide, ou Précis de l'histoire générale de l'archipel des Canaries*, París, Impr. Baudoin, año XI (1803).

BUNGENER, Patrick, «La botanique au service de l'agriculture. L'exemple des savants genevois», en P. Robin, J.-P. Aeschlimann y C. Feller (eds.), *Histoire et agronomie: entre ruptures et durée*, París, IRD, 2007, pp. 285-302.

CHARPENTIER DE COSSIGNY, Joseph-François, «Carta de Joseph-François Charpentier de Cossigny al marqués de Villanueva del Prado», París, 15 de germinal del año X

(5 de abril de 1802), Real Sociedad Económica de Amigos del País de Tenerife, Fondo Rodríguez Moure, RM 112, fols. 40r-41r.

DAUBENTON, Louis Jean-Marie, «Histoire Naturelle de l'Homme», en *Encyclopédie méthodique. Histoire naturelle des animaux*, t. 1, París / Madrid, Panckoucke / Thevin, 1782, pp. XIX-LXXXXII.

DELILLE, Jacques, *Les jardins ou l'art d'embellir les paysages*, París, Valade / Cazin, 1782.

—, *L'homme des champs ou Géorgiques françoises*, Estrasburgo, Impr. Levrault, año VIII (1800).

DENIS, Gilles, «Agriculture, esprit du temps et mouvement des Lumières», *Histoire & Sociétés Rurales*, vol. 48, n° 2, 2017, pp. 93-136, en línea: <https://doi.org/10.3917/hsr.048.0093>.

FELLER, François-Xavier de, «Delille», en François-Xavier de *Biographie universelle ou Dictionnaire historique des hommes qui se sont faits un nom par leur génie, leurs talens, leurs vertus, leurs erreurs ou leurs crimes*, vol. 4, nueva ed. de Perennès, Besançon / París, Outh-Chalandre/Méquignon y Leroux-Gaume, 1844, pp. 245-248.

GEOFFROY SAINT-HILAIRE, Isidore, «Fragments historiques sur la domestication et la culture des animaux. Troisième fragment», *Bulletin de la Société impériale zoologique d'acclimatation*, t. 1, París, Librairie Goin, 1854, pp. 283-296.

JOLINON, Jean-Claude, «Les herbiers historiques du Muséum et la flore parisienne», en Bernadette Lizet, Anne-Elizabeth Wolf y John Celecia (dirs.), *Journal d'agriculture traditionnelle et de botanique appliquée*, n° 2,

Sauvages dans la ville. De l'inventaire naturaliste à l'écologie urbaine, 1997, pp. 91-109.

JUHE-BEAULATON, Dominique, «Du jardin royal des plantes médicinales de Paris aux jardins coloniaux: développement de l'agronomie tropicale française», en Jean-Louis Fischer (dir.), *Le Jardin entre science et représentation. Actes 120ᵉ Congrès national des sociétés historiques et scientifiques, Aix-en-Provence, 1995*, París, CTHS, 1999, pp. 267-284.

KURY, Lorelai, *Histoire naturelle et voyages scientifiques (1790-1830)*, París, L'Harmattan, 2001.

LABARRE, Albert «*Didot (les)*», en Universalis.fr, en línea: <https://www.universalis.fr/encyclopedie/didot-les>.

MARRERO MARRERO, María del Carmen, *El fondo Nava de la Biblioteca de Nava*, San Cristóbal de La Laguna, Real Sociedad Económica del Amigos del País de Tenerife, 1997.

MILLARES CARLO, Agustín y Manuel HERNÁNDEZ SUÁREZ [Antonio VIZCAYA CÁRPENTER y Agustín MILLARES SALL], *Biobibliografía de escritores canarios (ss. XVI, XVII y XVIII)*, t. 6, Las Palmas de Gran Canaria, El Museo Canario, 1975-1993.

MILLIN, Aubin-Louis, «Poésie. L'homme des champs ou géorgiques françoises, par Jacques Delille. A Strasbourg, de l'imprimerie de Levrault, an 8», *Magasin encyclopédique ou Journal des sciences, des lettres et des arts, rédigé par A. L. Millin*, París, Chez Fuchs, 1800, pp. 51-65.

MORAT, Philippe, «Antoine de Jussieu», en France-Archives. Portail national des archives, en línea: <https://france-archives.fr/fr/pages_histoire/38894>.

PADRÓN FERNÁNDEZ, Rafael, «Sobre la formación francesa ilustrada de Alonso de Nava y Grimón, VI marqués de

Villanueva del Prado», *Anuario del Instituto de Estudios Canarios*, nº 47, 2002, pp. 407-442.

—, «Introducción», en José de Viera y Clavijo, *Diario de viaje a Francia y Flandes*, ed., intr. y notas de Rafael Padrón Fernández, La Laguna, Instituto de Estudios Canarios, 2008, pp. XIX-CXCVIII.

ROLLAND, Jean-Brice, «De la source d'Aréthuse à la rivière de Lignon: transposition du roman pastoral à la Renaissance et imaginaire de l'eau dans *L'Astrée* d'Honoré d'Urfé», *Dix-septième siècle*, vol. 221, nº 4, 2003, pp. 659-674.

VIERA Y CLAVIJO, José de, *Diario de viaje a Francia y Flandes*, ed., intr. y notas de Rafael Padrón Fernández, La Laguna, Instituto de Estudios Canarios, 2008.

—, *El hombre en los campos o Las Geórgicas de Jacob Delille*, documentación, edición y notas, Manuel de Paz Sánchez y Carlota Alfonso Da Costa, Santa Cruz de Tenerife, Ediciones Idea, 2011.

—, *Historia de Canarias*, ed., intr. y notas de Manuel de Paz Sánchez, en R. Padrón (dir.), *Obras completas de Viera y Clavijo*, t. 1, Santa Cruz de Tenerife, Ediciones Idea, 2016.

WEISS, Charles (dir.), «Delille», en *Biographie universelle du Dictionnaire historique*, t. 2 (CHA-GER), París, Furne et Cie, 1841, p. 329.

Los jardines

o el arte de hermosear paisajes,
poema por el señor abate Delille,
de la Academia Francesa
MDCCLXXXXI

[DEDICATORIA]¹

El traductor, D. José de Viera y Clavijo,
a su ilustre y muy caro ahijado
el Excmo. Sr. D. José de Silva Waldstein,
marqués del Viso, primogénito del
Excmo. Sr. marqués de Santa Cruz,
Grande de España,
etc., etc., etc.

Desde la isla de Gran Canaria,
a 8 de mayo de 1791

Canto I

Vuelve la primavera y dulce anima
la flor, el ave, el césped y mi aliento.
¿Para qué asunto ameno y desusado
templaré yo las cuerdas de mi plectro?
Mientras de un largo invierno, al fin, respiran   5
los prados, las florestas, los oteros,
y todo de esperanza, amor y dicha
manifiesta su júbilo risueño;
que inmortalicen otros en la historia
los grandes nombres y los altos hechos;   10
que pinten la Victoria[2] en triunfal carro;
que hagan beber sangrienta copa a Atreo.[3]
¿Flora me es halagüeña? Pues de Flora[4]
a cantar los jardines me resuelvo,
diciendo cómo el arte en ellos rige   15
flores y sombras, céspedes y riegos.

---

[2] Personificaba el triunfo en la mitología romana. Niké en Grecia. Figura de mujer alada, que ciñe al héroe corona de laurel. Hija de Estigia. Poseía templos en el Palatino y en el Capitolio de Roma. Se le consagraban estatuas triunfales y Augusto mandó construir en el Senado un ara en su honor, para conmemorar la batalla de Accio.

[3] Rey de Micenas. Hermano gemelo de Tiestes, cuyos hijos sacrificó y sirvió en una comida como venganza por una infidelidad, según la mitología.

[4] Diosa de las flores, los jardines y la primavera en la mitología romana. Su festividad (Floralia) representaba la renovación del ciclo vital. Cloris en la mitología griega.

Tú que, hermanando gracias y energía,
al desmayo didáctico das nervio,
oh afable musa, pues puliste el canto
de las graves lecciones de Lucrecio,[5]   20
y por ti su rival cantó el arado
sin postrar el idioma del Parmeso,[6]
ven a dornar más rico y noble asunto,
cuyo hechizo a Marón[7] tentó en un tiempo;
ven, que sin darme extraños atavíos,   25
de flores propias coronarme puedo
y, como el claro sol la nube dora,
mi bello asunto esmaltará mis versos.

    La arte inocente, que mi acento[8] aplaude,
cuenta de edad la edad del universo.   30
Desde que a la labor sometió el campo,
cultivó el hombre con mayor esmero
algún quiñón feliz y en él dispuso
los árboles y flores de su afecto.
Simple Alcínoo,[9] con lujo campesino,   35
decoró su vergel; mas este arreo

---

[5] Tito Lucrecio Caro (99-55 a. C.). Poeta romano que escribió el poema didáctico *De rerum natura*, que se inicia con un canto a Venus generatriz.

[6] Río de Beocia, que nace en el monte Helicón consagrado a las musas.

[7] Publio Virgilio Marón (70-19 a. C.). Autor de *Las Bucólicas*, *Las Geórgicas* y *La Eneida*. Su extraordinaria obra muestra una gran perfección estilística.

[8] En el manuscrito lacunense, se lee «asunto».

[9] En la obra de Delille, se lee «Alcinoüs», y en la copia lacunense de la traducción de Viera, «Alcindo». Alcínoo es el rey mitológico de los feacios (Esqueria). Acogió a Jasón y Medea en su huida de Cólquida, tras el robo del vellocino de oro. También acogió a Odiseo tras un naufragio.

en el alto pensil de Babilonia[10]
a influjos de una reina[11] fue creciendo;
y Roma vio que, avasallado[12] el orbe,
volvieron gratos sus triunfantes dueños   40
a calmar y rendir rayos de gloria
en parques, que hermoseó su laurel mismo.[13]
Los sabios habitaban en jardines,
donde enseñaban la moral discretos;[14]
y los dioses por don les ofrecían   45
Elíseos Campos,[15] no palacios regios.
Pero ya mi argumento me estimula,
todo me anima, la carrera emprendo.
   Para añadir nuevo aliciente a un campo
simple en sus atractivos y halagüeño,   50
guárdate de insultar con grandes gastos
de la naturaleza el sabio intento;

---

[10] Los Jardines Colgantes de Babilonia fueron considerados una de las Siete Maravillas del Mundo Antiguo. Construidos en el siglo VI a. C., bajo el reinado de Nabucodonosor II, en la ciudad de Babilonia (Babel bíblica), a orillas del Éufrates.

[11] Una leyenda considera que los Jardines fueron construidos, en realidad, en el siglo XI a. C., cuando reinaba como regente en Babilonia (Mesopotamia) la reina Shammuramat, la Semíramis de los griegos.

[12] En el manuscrito lacunense, «avasallando».

[13] «Mesmo».

[14] Se refiere a los filósofos epicúreos. La escuela fundada por Epicuro (h. 341-270 a. C.), en las afueras de Atenas y próxima a la Academia de Platón, se la conocía como el Jardín. En este lugar desarrolló sus ideas de amor hacia la naturaleza, y sus seguidores fueron conocidos como los filósofos del jardín.

[15] Campos Elíseos, según la mitología griega, una parte de los Infiernos. Lugar sagrado donde hombres virtuosos y héroes llevaban una existencia feliz, en medio de una naturaleza ebúrnea y hermosísima.

bien persuadido que tan noble hazaña,[16]
no es del caudal, es obra del ingenio;
y que, siendo un jardín un vasto cuadro,　　　55
sin pompas ni atavíos, puro y bello,
tú debes ser pintor: la tierra toda,
la gradación de su verdor diverso,
el círculo del año y de los días,
el alfombrado de los prados nuevos,　　　60
el recamado de las cumbres altas,
árboles, rocas, flores, arroyuelos;
he aquí los colores que en tus manos
serán finos pinceles, serán lienzos.
Tuyo es el orbe, cría, dispón, manda,　　　65
combina a tu placer los elementos.
　Mas, antes de plantar y que en tu campo
imprudente azadón penetre el seno,
para dar al jardín gallarda forma,
lo agreste y natural observa atento.　　　70
¿No hallaste alguna vez en sitio oculto
ciertas campiñas de agraciado aspecto,
cuya imagen risueña de improviso
es rémora a tus pasos, y suspenso
no puedes evitar al contemplarlas　　　75
los éxtasis de dulces pensamientos?
Pues procura imitarlas, y sea el campo
para adornar el campo tu maestro.
　Entre los huertos de más sabio gusto
también preferirás el más selecto.　　　80
Admira la riqueza y elegancia
de Chantilly,[17] cuyo glorioso suelo,

---

[16] En el manuscrito lacunense, «tu noble hazaña».

[17] [N. A.]: Chantilly, magnífica casa de campo del príncipe de Condé a diez leguas de París.

de un héroe en otro ha sido decorado;
Belœil[18] campestre y noble al mismo tiempo;
Chanteloup[19] que se engríe de haber dado   85
a su propio señor grato destierro;
el Tivoli precioso[20] que en la Francia,
cual botón fresco que en capullo tierno
es de mayo y abril tímido nuncio,
de nueva forma fue el primer diseño;   90
el pequeño Trianón[21] que, semejante
a la augusta deidad de quien es templo,
junta a la majestad la amable gracia
y por ella y para ella es más ameno;
Montreuil[22] feliz bosquejo[23] de un Albano,   95
Maupertuis, Limours, Rincy, el Desierto.[24]
¡Qué gozo da perderse en lo intrincado
de vuestros lozanísimos senderos!
Y tú de un joven real, oh fiel asilo,
conocido con nombre tan modesto   100
que no es digno de ti,[25] sitio precioso
págale tú lo mucho que le debo,
pues le debo el descanso venturoso,
el retiro más grato y el recreo.

---

[18] [N. A.]: Deliciosa quinta del príncipe de Ligné en Flandes, en la cual estuvo el traductor de este poema el día 15 de mayo de 1781.

[19] [N. A.]: Quinta del duque de Choiseul, adonde fue desterrado al tiempo de la caída de su privanza y ministerio.

[20] [N. A.]: El primer jardín de género irregular que se vio en Francia.

[21] [N. A.]: Palacio de la reina de Francia en el parque de Versailles.

[22] [N. A.]: Gracioso jardín de la princesa de Guimené.

[23] En el manuscrito lacunense, «feliz copia».

[24] [N. A.]: Jardines acreditados, no lejos de París.

[25] [N. A.]: La Bagatela, jardín del conde de Artois, hermano del rey de Francia.

Bienhechor del poeta y de sus rimas,   105
entre los cisnes de más dulce acento
que hermosean Parnaso[26] tan florido,
dígnate de acoger mi musa,[27] puesto
que la violeta crece, entre la grama,[28]
junto al lirio del campo el más soberbio.   110
Alumno así de autores tan famosos,
¡ah, si mi débil voz cantar como ellos
pudiera tus jardines, y su numen,
la industria y la amistad que habitan dentro!
Apacible vergel, hazlo dichoso;   115
y yo, si es que algún día, por efecto
de su favor condecorare un campo,
la imagen de Mecenas[29] tan preexcelso
en él colocaré y ante sus aras
mis flores más tempranas daré al viento;   120
del mirto y el laurel que los Borbones
siempre estimaron, enlazar protesto
en festones la verde lozanía,
y si la paz, la sombra y el sosiego
lograren inspirarme, de mi lira   125
también le ofreceré todos los metros.

---

[26] Monte de Fócida, consagrado a las musas.

[27] Son nueve las musas clásicas, a saber: Calíope, que lo es de la elocuencia, la belleza y la poesía épica; Clío, de la Historia; Erato, poesía lírico-amorosa; Euterpe, de la música; Melpómene, de la tragedia; Polimnia, cantos y poesía sagrada; Talía, comedia y poesía bucólica; Terpsícore, de la danza y la poesía coral, y Urania, de la astronomía, poesía didáctica y ciencias exactas.

[28] En el manuscrito lacunense, «da rama» (probable error del copista).

[29] Por antonomasia Cayo Cilnio Mecenas (h. 70-8 a. C.), asesor de César Augusto. Impulsor de las artes y las letras, amigo y protector de autores destacados como Virgilio y Horacio.

Tales son los parajes deliciosos
que el arte ha de imitar, ¿pero no es cierto
que también hay escollos, en que el arte
por ser imitador corre algún riesgo?   130
No des al suelo adornos que reúsa
Y, aplicado ante todo a conocerlo,
adora el genio tutelar del sitio,
consulta el Dios que tiene allí su cetro
que, aunque sus leyes nunca se quebrantan   135
impunemente, sin embargo vemos
que un artista sin gusto a cada paso,
más extraño que osado en sus proyectos,
muda, mezcla, disloca, altera todo
y con belleza de un absurdo invento   140
logra afear en medio de la Francia
un campo que en Italia es embeleso.
　　Procura conocer y hacer buen uso
de cuanto alegre adopta[30] tu terreno
que, aunque lo natural así mejores,   145
será lo natural y no remedo.
Los Berghes[31] y Pousinos[32] te den norma;
estudia pues sus cuadros más perfectos,
y lo que la pintura usurpa al campo
haz que el arte lo vuelva a su modelo.   150

---

[30] En el manuscrito lacunense, «adapta» (probable error del copista).

[31] Berghms en el manuscrito de La Laguna. Se trata de Augustin Van Den Berghe (1756-1836).

[32] Se refiere al pintor francés Nicolás Poussin (1594-1665). Entre sus obras de exaltación simbólico-clasicista de la Naturaleza destacan «Triunfos de Flora» (1630), «El triunfo de Pan», murales paisajísticos del Palacio Doria-Pamphili (Roma), «El Parnaso», «La primavera», etc., sobre el que volveremos más adelante.

En la elección de algún terrazgo mira,
si ha de ser obediente a tus preceptos
pues, si fue triste el tiempo en que al buen campo
guerra declaró el arte, pretendiendo
collados arrasar y colmar valles,   155
hoy, no menos tirano en sus excesos,
osa valles formar, criar montañas.
Evita ambos escollos; tus esfuerzos
en vano aplanarán[33] tierras quebradas,
y en la llanura un muy humilde cerro   160
ridículo será, por más que aspire
a parecer gracioso y pintoresco.
¿Quieres un sitio a la labor propicio,
poco escarpado o poco paralelo?
Pues elige una loma que domine   165
a una vega feraz, sin sobrecejo,
donde un declivio suave, sin cansera,
seco, sin aridez, alto, sin ceño,
te convide[34] a marchar do el horizonte
esté a tu arbitrio oculto o manifiesto,   170
la tierra suba, baje, crezca o mengue
y tu placer se mude a cada encuentro.
Deja al oscuro agrimensor que empuñe
la regla y el compás en su aposento
y confíe al papel la simetría   175
de un frío plan para un jardín moderno;
tú salte al campo, toma en mano el lápiz,
dibuja los paisajes y prospectos,
sin temer los estorbos, pues que nacen
de las dificultades los portentos.   180

---

[33] En el manuscrito lacunense, «aplanaron» (probable error del copista).
[34] En el manuscrito lacunense, «convida».

Puede un terreno ingrato hacerse hermoso.
¿Está desnudo? Un bosque le hará bello.
¿Umbroso está? Un corte lo hará claro.
¿Húmedo está? Que su licor infecto
corra por zanjas y fecundas cauces.   185
¿Árido, en fin? Pues con activo celo
busca, sondea, cava todavía,
quizá el agua rebelde no está lejos.
Así mi vena, que tal vez cansada,
maldice el pormenor de un punto seco,   190
ve de repente de su estéril fondo
saltar un golpe de brillante fuego
que, volviendo a animar el entusiasmo
con mayor fluidez, corren los versos.
      Pero un cuidado superior nos llama,   195
un arte más gracioso y hechicero,
que no contento con pasmar la vista,
habla a los corazones en silencio.
¿De entes sensibles, de entes animados
no has conocido el armonioso acuerdo?   200
¿No has escuchado la elocuencia muda
de prados, de aguas, árboles y cielos?
Pues dame ese espectáculo, y que el paso
de un objeto sombrío a otro risueño,
de un objeto que es noble a otro agraciado,   205
me cause siempre el interés que anhelo.
Ya simple, ya sublime, en sus pasajes,
ya enérgico, ya suave en sus afectos,
junta todos los tonos en tu campo
para dar gusto a todos los deseos.   210
Que allí el pintor adorne su paleta,
que el poeta inspirado agite el pecho,
que su paz halle el sabio, sus memorias
el venturoso, el triste sus lamentos.

Mas la audacia es común, raro el buen juicio,   215
y lo curioso para en desarreglo;
así pondrás cuidado en que estas cosas
no formen algún caos sin concierto,
porque contradicción no es contrapunto.
Y, si estos cuadros piden grandes lienzos,   220
no vayas a estrechar en corta orilla
un río, una laguna, un monte espeso,
pues dará risa[35] ver el arrendajo
de cuanto en grande ostenta el universo,
y que falaz el arte, absurdo, incluya   225
en solo una avanzada un pago entero.
En lugar de ese acerbo tan confuso,
cambia perfiles o transmuta objetos;
que de lejos, de cerca, oscuros, claros,
nos den veinte espectáculos diversos;   230
que, incierto el ojo en lo que va a seguirse,
esté curioso y dulcemente inquieto
y que encuentre con gusto los adornos,
ni improvisos del todo, ni someros.
Sobre todo bullicio; sin su magia   235
ociosa el alma se aletarga, y presto
vaguea el ojo por los campos fríos.
¿Quieres también en la pintura ejemplos?
Pues mira con qué industria los colores
al cuadro inmóvil prestan movimiento.   240
Mira el agua que corre, que huye y pasa;
el árbol que se encorva al duro cierzo;
las chozas que despiden globos de humo;
hatos, pastores, danzas,[36] risas, fuegos;

---

[35] En el manuscrito lacunense, «daría risa». Cfr. Jacques Delille, *Les jardins…*, p. 18 (canto I, v. 190), donde se lee «on rit».

[36] En el manuscrito lacunense, «damas» (probable error del copista).

y aprende este secreto, cultivando   245
plantas y arbustos dóciles al viento.
Respeta en ellos su verdor fluctuante
y no permitas que tirano acero
lo natural ultraje. Aquellos olmos
que la mano divina fue puliendo   250
desde el tronco robusto hasta las ramas,
y de las ramas hasta el brote tierno,
¿no ves cómo conservan lo flexible,
para mecer los céfiros sin riesgo?
   Mas la tijera bárbara... ¡Qué insulto!   255
Corred ninfas del bosque...¡Ah! esto es hecho:
ya la segur cortó la verde cima,
y no se escucha aquel susurro lento
con que el Favonio[37] rápido solía,
retozando en las hojas placentero,   260
temblar, huir y agonizar al punto,
porque sin variedad, lisos y yertos,
del hierro cruel que mutiló sus gracias
copia son en lo inmóvil y en lo terco.
Por el contrario tú, siendo su amante   265
a los árboles deja el bamboleo,
y dando a la ilusión más alma y vida,
haz correr, haz saltar el cristal terso
del agua pura; la cañada, el soto,
esos sitios tan varios, aunque yermos,   270
puéblalos de granados numerosos.
Allá en la punta de aquel risco excelso,
de maleza de zarzas coronado,
veo pender la cabra; mil corderos

---

[37] Favonio (de *Favonius*, favorable) es el dios romano del viento del
oeste, equivalente al Céfiro de los griegos. Se le consideraba un viento
fructificador asociado a la primavera.

con sus sordos balidos sonar hacen   275
de collado en collado el feliz eco.
El lento buey sobre sus dos rodillas
se echa y rumia en este abrevadero,
mientras el bruto ardiente y belicoso,
que nació del tridente, bravo y suelto,   280
ostenta en la pradera, retozando,
con vigor mal domado, el garbo fiero.
¡Qué es ver su agilidad, su noble estampa,
ya cuando llega al manso río y, diestro,
estremecido, se sumerge, lucha   285
contra las olas y, batiendo
con la pezuña la corriente clara,[38]
el ruido oímos y la espuma vemos!
Ya cuando brinca o corre por las lomas
Y, esparciendo las crines de su cuello,   290
fuego en los ojos, humo en las narices,
de amor y orgullo más gallardo y bello,
vuela tras las queridas, y mis ojos,
después de trasponer, lo van siguiendo.
    Así pues, disponiendo y empleando   295
de la naturaleza el fondo inmenso,
darán las matas tierras, aguas, sombras
a los paisajes alma y movimiento.
Pero, si el movimiento agrada tanto,
la libertad no nos hechiza menos;   300
por eso deberás en tus jardines
dejar como indecisos los linderos
con ficción o disfraz; que, en donde el ojo
no espera más, no hay más encantamento,[39]

---

[38] En el manuscrito lacunense, «mansa» (probable error del copista).
[39] En el manuscrito lacunense, «encantamiento».

ni se llega sin pena al horizonte   305
de un sitio hermoso que nos dio consuelo.
Más allá de ese término importuno,
siempre la aprehensión forja[40] embelesos,
y del prestigio, que fascina tanto,
disipa el gozo un ánimo ya inquieto.   310
 Cuando en mezquinas guerras y aventuras
andaban nuestros góticos abuelos,
y transformaban quintas y alquerías
en murados y fuertes campamentos,
presos vivían por vivir seguros;   315
¿mas qué pensamos hoy de tanto espectro
que, contristando al que los ve, son solo
padrón de vanidad, que inventó el miedo?
¡Cuánto mejores son las verdes vallas,
revestidas de espinos y frambuesos,   320
donde la mano tímida recoge
las rojas moras y botones frescos!
Entretanto dejemos el recinto
de estos Elíseos y, tomando vuelo
hacia un género basto y más rumboso,   325
del cual Ermenonville[41] es el modelo,
si el jardín trajo a su distrito el campo,
que al campo este jardín haga regreso.
 Desde la cumbre, que a la vista expone
un país amplio, arenga a tu talento   330
naturaleza y dice: «Estos tesoros
que estás mirando, todos te los cedo,
y su bruta riqueza y ruda pompa
tu industria imploran». Dijo y, al momento,

---

[40] En el manuscrito lacunense, «forma».

[41] [N. A.]: Jardín del conde Giraldino, en donde se ve el sepulcro de Rousseau.

el talento se arroja a todas partes,   335
abre el conjunto en donde están durmiendo
bellezas miles y retoca el cuadro
del prado al soto, de la vega al cerro.
Acumula, separa, aclara, asombra,
descubre, oculta –no compone es cierto–, 340
pero acaba, corrige, limpia y pule
cuanto en lo natural solo es bosquejo.
Borra en la sierra aquella faz horrible,
en la floresta, aquel semblante austero,
del arroyo extraviado arregla el curso, 345
de un manantial y un lago se hace dueño.
Quiere y, al punto, a su querer sumisos
acuden las veredas y senderos,
para enlazar, unir y hacer un todo
de los distantes y esparcidos miembros. 350
Mas, si quizá te arredra empresa tanta,
vuelve al antiguo parque y, recorriendo
de brillantes minucias lo costoso,
de frívolos rejados el esmero,
de canales y tazas lo exquisito,   355
inferirás que, sin tan gran dispendio,
propio para agradar un par de días,
tú podrás adornar un campo extenso.
Ríndete, pues, magnificencia vana,
ríndete al arte más sencillo y cuerdo, 360
para que se transforme desde ahora
en un segundo Edén todo este reino.
 Sin embargo, ¿recelas todavía
tentar esta carrera? Pues, al menos,
traspasa los vallados y dilata   365
tu jardín con las vistas y los lejos.
Acá una choza de un pomar vecina,
allá la torre que remata un pueblo,

por allí un río, en cuyo verde margen
se suelen ver las barcas del comercio   370
correr las islas, que del agua suben,
o esconderse en un puente de maderos.
Y, si del mar el piélago anchuroso
se ofrece en tu horizonte, ¡con qué tiento
debes variar su escena interesante!   375
Ya por las ramas le verás perplejo;
ya lo verás como por un anteojo;
al fin ve un largo y regular paseo;
ya lo pierdes de vista; ya lo cobras;
y, al dar la vuelta, a un bosque de remeros   380
libre del todo, alegre lo descubres
en la vasta extensión del hemisferio.
Así se fija la atención errante;
mas la naturaleza, el hombre, el tiempo,
para rodearnos de estos ricos dones,   385
son en nuestros países avarientos.
Llanuras de la Grecia, Ausonios Campos,[42]
sitios amigos que infundís ingenio,
¡cuántas veces al ver tus horizontes
un Apeles[43] se inflama y, disponiendo   390
sus pinceles, dibuja las distancias,
los mares y las islas, y los puertos!
Esos montes feraces que echan llamas,
esas lavas ya frías que aún dan miedo,

---

[42] Los Montes Ausonios son una cordillera del Lacio meridional (Italia meridional). El nombre proviene de la antigua tribu de los ausonios.

[43] Apeles (352-308 a. C.) fue un magnífico pintor griego que retrató a Filipo II de Macedonia y a su hijo Alejandro Magno, y que realizó otros muchos cuadros alegóricos y mitológicos que se han perdido, pero se conservan descripciones que sirvieron en el Renacimiento para recrear su influencia artística.

esos grandes palacios que arruinados 395
de otros grandes palacios son cimiento,
esa lucha tenaz de tierra y agua,
que forma un nuevo mundo de otro viejo.
¡Ah! Yo no he visto los felices campos
que Virgilio cantó con dulce metro; 400
mas juro por Virgilio y por su numen
que hollaré el Apenino, que iré a verlo
y, lleno de Virgilio y de sus cantos,
los he de leer donde inspirados fueron.

Aunque prendado de tan bellos puntos, 405
¿quizá carecen tus contornos de ellos?
Pues multiplica los objetos gratos
de tu jardín en el florido centro
y recompensa el exterior encanto
con lo interior de su divertimento, 410
símbolo fiel del hombre sabio y libre,
que entra en su alma y halla allí el contento.
Pero, por más que el sitio sea abundante
en varias perspectivas,[44] siempre es bueno,
ecónomos prudentes de la vista, 415
comprarlas con un poco de rodeo.
Espere el ojo lo que brinda el arte;
quien me ofrece, me da; gozo, si espero,
que lo que me interesa es lo que abrazo,
no lo que me deslumbra y pone lelo. 420

En mis lecciones dar quisiera el modo
de advertir al curioso o sorprenderlo;
mas antes notaré que hay dos rivales
que se disputan el sufragio nuestro.
Uno nos hace ver con simetría 425
el orden regular de un plan correcto,

---

[44] En el manuscrito lacunense, «ricas perspectivas».

prestando al campo con profusa mano
primores que le han sido muy ajenos
y, dando al agua grillos o a las plantas
leyes que ninfas[45] ni Amadríadas[46] dieron,   430
cual déspota entre esclavos, orgulloso
su aire menos afable es más severo;
de la naturaleza amante el otro
la adorna, no la afeita; y con respeto
sabe tratar sus negligencias nobles,   435
sus graciosos caprichos y aun sus hierros,[47]
para que nazca del acaso mismo
y del desorden el placer ingenuo.
  Ni uno ni otro excluyamos desdeñosos,
que ambos tienen sus altos privilegios,   440
y entre Kent y Le Nôtre[48] no decido

---

[45] En el manuscrito lacunense, falta la palabra «ninfa». El copista dejó un espacio vacío.

[46] Hamadríades que, como indica Chompré, son ninfas de los bosques, a las que Catulo llama diosas, y cuyo destino dependía de los árboles, particularmente de las encinas, con las que nacían y morían. Eran agradecidas a los que las libertaban de la muerte. Se creía que los que cortaban encinas y, por lo tanto, ocasionaban la desaparición de las ninfas, eran castigados sin remedio. En ocasiones se las confundía con las Náyades o Napeas. Dice Grimal, a su vez, que eran una categoría de ninfas de los árboles. «Nacen con el árbol que protegen, y comparten su destino»" Calímaco, en el *Himno a Delos*, presenta una ninfa de una encina, angustiada por su árbol al que acaba de alcanzar un rayo. Se las consideraba seres mediadores entre los mortales y los inmortales. «Viven largo tiempo, diez vidas de palmera», lo que equivale a casi diez mil años. Existen varias leyendas al respecto.

[47] En el manuscrito lacunense, «yerros». Cfr. Jacques Delille, *Les jardins...*, p. 25 (canto I, v. 396), donde se lee «sa noble négligence».

[48] [N. A.]: *Kent*, autor de los Jardines a la inglesa, y *Le Nôtre* de los Jardines antiguos.

aquel puede brillar en parques regios,
donde un rey al boato condenado
por poderoso, rico y opulento,
expone a nuestros ojos aturdidos   445
los prodigios del lujo y los esfuerzos;
que, si subyuga el arte rebeldías
de la naturaleza en campo estrecho,
sus triunfos son en campos espaciosos,
donde la pompa es todo su derecho,   450
como un usurpador que obtiene gracia
a fuerza de grandeza y de denuedo.
Desecha, pues, ese jardín torneado,
mansión insulsa, do un insulso dueño
te pondera admirado sus arbustos,   455
que forman atusados aposentos;
su comparado plan, cuya armonía
obediente al cordel, ve, no sin tedio;
que no hay calle ninguna sin hermana;
que no hay cuartel alguno sin gemelo;   460
su paja de agua, su bancal bordado,
sus globos y pirámides de tejo…
Y déjalo alabar tan pueril fausto,
mientras a un campo inculto yo me atengo.
Déjalo y ven, burlando lo afectado   465
de esos milagros vanos y pigmeos,
al país singular de los prestigios
si quisieres seguir mi ansioso vuelo,
a Marly y a Versalles, reales sitios,
este pomposo, aquel siempre risueño,   470
que la Naturaleza, Luis y el Arte,
han hermoseado con glorioso empeño;
allí todo es grandioso, nada escaso,
todo encantando está, todo es remedo

del palacio de Armida;[49] es el retiro   475
de un héroe insigne, grande y estupendo
en su mismo reposo que, intentando
todavía vencer y hollar tropiezos,
jamás sabe marchar sino rodeado
de augustas maravillas y portentos.   480
Verás cómo subyuga de mil modos
los árboles y arroyos a su imperio;
cómo en doce palacios elegantes
un frondoso verdor cubre los techos;
cómo respira el bronce;[50] cómo un río,   485
hallando en su remanso extraño freno,
cae, alza espuma, brama, se prolonga
por anchos cauces y, al pasar corriendo,
en una catarata se desliza,
salta en garzotas, y el vapor disuelto   490
se inflama con el sol y baja en lluvia
de pedrería de cambiantes ciento.
Si por el bosque umbroso me extravío,
de Silvanos[51] y Faunos[52] hallo un pueblo;
veo a Diana, a Venus reconozco;   495

---

[49] En la obra más famosa de Torcuato Tasso, el poema épico *Jerusalén liberada*, la maga Armida, enviada por el rey de Damasco, hace prisioneros, gracias a sus poderes mágicos, a varios caballeros cristianos, a los que conduce a una torre junto al Mar Muerto. El mago Ismeno hechiza el bosque cuyas maderas pretendían utilizar los cruzados para construir artefactos bélicos. Godofredo envía a buscar a Reinaldo que era el único capaz de conjurar el hechizo y que ha caído en poder de Armida. Esta se enamora de Reinaldo y lo retiene en las Islas Afortunadas.

[50] En el manuscrito lacunense, «un bronce».

[51] Silvano es el dios de los bosques, y por extensión se llaman *silvanos* los dioses campestres.

[52] Deidades silvestres romanas, cuyo nombre deriva de Fauno y que, igual que los silvanos, habitan los bosques. Equivalen a los sátiros de los griegos.

cada glorieta es un lozano templo,
es un dios cada mármol, y Luis mismo
para celebración de sus trofeos
parece que el Olimpo ha convidado
a disfrutar del inmortal festejo.   500
   Mas de admirar el ánimo se cansa.
¿Oíste al orador, cuyos conceptos
se despliegan con pompa cadenciados?
Pues tal placer no dura; yo le dejo
por seguir a un amigo que me habla   505
con puridad y corazón abierto.
Del mismo modo jaspes, urnas, bronces
y otros adornos nos fatigan presto,
mientras el lujo de inocentes plantas
de aguas y sombras dan un gusto eterno.   510
Ama, pues, los jardines naturales,
de los cuales fue Dios el arquitecto.
¿Cuándo trazó su poderosa mano
al primer hombre, el Paraíso ameno
lo dispuso en cuarteles o avenidas?   515
¿Redujo algún arroyo a cautiverio?
¿Sobrecargó de extraños atavíos
la infancia de la tierra? No, por cierto,
sin opresión, sin arte, el orbe todo,
usó de sus franquicias y sus fueros.   520
Las vegas con las cumbres alternando,
las aguas libres mansamente huyendo,
el desorden feliz, las vistas raras
que entre sí preferencia no tuvieron,
todo variaba, todo entretenía   525
un gozo siempre estable y siempre nuevo.
   Sobre el verde afelpado de la grama,
mil árboles se ondeaban que, imprimiendo
en el gusto y olfato sus hechizos,

ya agrupados, ya juntos, ya dispersos,   530
se avecindaban siempre o se evitaban,
formando escenas de admirable efecto;
y, al inclinar[53] los encorvados brazos,
si hallaba el caminante algún tropiezo,
dando con su cabeza en los festones,   535
esmaltaba de flores sus cabellos.
En estas voluptuosas espesuras
fue donde Eva con deliquio[54] tierno
daba al joven esposo la fiel mano,
y sonrosaba de un carmín modesto   540
su inocente semblante, alba del día
que abre el oriente cuando pulsa Febo.
Dábanle el parabién las criaturas,
las esferas celestes con reflejos,
los árboles y fuentes con murmurios,   545
los céfiros alados con gorjeos,
y la tierra con rosas perfumaba
el tálamo dichoso de Himeneo.
Venturosos consortes, ¡qué fortuna!
Feliz aquel mortal, que a vuestro ejemplo   550
puede vivir en un jardín frondoso,
ajeno de ambición y devaneos,
donde rico disfrute sin envidia
sus flores, su inocencia y su contento.

---

[53] En el manuscrito lacunense, «indicar» (error del copista).
[54] «Delicuo» en la versión matritense.

CANTO II

Si yo tuviera aquella dulce lira
que en otro tiempo todo lo encantaba
y sobre el Hemo[55] antiguo conmovía
las peñas y los troncos de la Tracia,
hablar la haría, y mi jardín al punto   5
sombras tendría al pie de verdes ramas.
¡Cómo el naranjo, el roble, el tilo,[56] el cedro,
acudirían a él, y en bellas danzas
las calles de alamedas formarían!
Mas, ¡ah!, que ya la antigua consonancia   10
perdió sus maravillas, ya las peñas
sordas están, la lira está sin alma,
y el árbol queda inmóvil a su acento,[57]
porque es ya la labor la única magia.

---

[55] Referencia a los Montes Hemo, de la zona de Tracia, en los Balcanes. Según Chompré, «Hemo, Emo o Eno es hijo de Bóreas y de Oritía, y marido de Ródope. Fue convertido en monte con su mujer, por haber querido que le honrasen a él como a Júpiter, y a ella como a Juno, tomando el nombre de estas deidades». Grimal apunta que, efectivamente, Hemo y Ródope tuvieron la osadía de hacerse rendir culto, adoptando, respectivamente, los nombres de Zeus y Hera, y en castigo fueron transformados en montañas. Existen otras tradiciones respecto a este nombre.

[56] Delille se refiere al árbol de la tila («*tilleub*»), o sea, a la *Tilia platyphyllos*.

[57] En el manuscrito lacunense, «asiento». Cfr. Jacques Delille, *Les jardins...*, p. 30 (canto II, v. 9), donde se lee «aux sons les plus flatteurs».

Aprended, pues, a dar con sabia industria 15
a cada arbusto pompa y elegancia,
pues de un jardín son ellos el adorno,
por sus flores, sus frutos y su gala.
Para más recrearnos, ¡qué de formas
suelen tomar! El uno se desgaja, 20
otro gallardo eleva su pimpollo,
en este hay majestad, en aquel gracia;
aquí tiembla la copa al menor soplo,
allí resiste un tronco a la borrasca,
Proteos vegetales verdaderos 25
que, con fiel permanencia en sus mudanzas,
cambian, para belleza del terreno,
hojas, talle, color, fruto y fragancia.
Usar de una riqueza tan preciosa
es un arte en que el gusto solo manda, 30
porque él arregla solo los aspectos,
la extensión y el contorno de las plantas.
Ya un soto agreste, tenebroso y hondo,
con sombra augusta sobre una cañada,
y ya un plantel, más claro y esparcido, 35
brinda risueño una acogida grata.
Más allá hechizan elegantes grupos
en sitios avanzados y distancias,
mientras acá, confiado en su hermosura,
un árbol solo la atención nos llama. 40
Tal suele ser –si puede a la memoria
traer la paz del campo una batalla–,
en medio de un ejército compuesto
de pelotones o extendidas alas,
un héroe insigne que entra en la palestra 45
ufano de sus fuerzas y su fama
y que obrando con garbo mil prodigios
por toda aquella tropa él solo basta.

Si en un jardín artificial el lujo
árboles solitarios desdeñaba,   50
hoy más connatural en sus ideas
los caprichos felices busca y ama.
Que las distancias formas y perfiles,
que el desorden casual, la noble talla
y el ocultarse o verse entre la turba,   55
forme de una arboleda una comparsa
y, al levantar su venerable frente
un viejo roble –ilustre patriarca
de la floresta–, que su tribu entera,
apartándose en corro, le haga plaza.   60
   Así campea un árbol, aunque solo,
pero con más acuerdo y mejor traza
los grupos pintarán mil perspectivas,
si en más o menos número las plantas,
si de copas ligeras los coronas   65
o si das fondo a las espesas masas.
¡Qué gusto ver esta nación de hermanos,
a quien debe un jardín prendas tan varias!
El acercar o retirar los puntos,
el reunir o disgregar las matas   70
y el correr o tirar el claro velo
que disipa las sombras o las causas!
   ¡Oh bosques majestuosos, yo os saludo;
vuestras cimbras poéticas ya callan,
y del Bardo furioso no repiten   75
la bélica canción; mas dulce calma,
delirio más feliz reina en vosotros;
y vuestras grutas, que entusiasmo exhalan,
versos me inspiran; oh sagradas sombras!
Permitid que se acerquen hoy mis ansias   80
y que, sin profanaros, os adornen
pues, para hacerlo, os tomarán por pauta.

Un bosque ofrece aspectos muy diversos;
si espeso[58] aquí la lobreguez derrama,
más claro allá la luz radicante admite,   85
con lo que el día hace a la noche cara.
En otra parte el suelo se entapiza
de mustias[59] hojas, y tal vez se hallan
árboles sueltos que entre sí retozan,
que se buscan, se tocan y se guardan.   90
Así pierde lo agreste una arboleda
mas, sin borrar su gravedad innata,
no intentes con objetos minuciosos
interrumpir la unión que en ella agrada.
Combina con lo simple lo grandioso,   95
haz que alguna rudeza sobresalga,
muéstrame un tronco roto y su carcoma
y que aturdido pueda ver las aguas
con rubias olas de torrentes turbios
correr por los barrancos a las playas.   100
No me borres del tiempo los vestigios,
no quites esas peñas que amenazan,
ni apartes de estos sitios respetuosos
la silvestre hermosura que me espanta.
Mas, risueño a la vista un bosquecillo,   105
puede ostentar su variedad gallarda
sobre el contorno de un paraje alegre
donde camina, vuelve atrás, se escapa
y serpentea entre las muchas flores
un arroyo feliz, en cuya estancia   110
parece que Epicuro todavía
da lección del deleite con que embriaga.

---

[58] En el manuscrito lacunense, «espero».
[59] Falta la palabra «mustia» en el manuscrito lacunense. Solo figura la «m» inicial.

Ni bastará sea bosque o bosquecillo
que encierre en su regazo estas ventajas;
también exige un exterior hermoso,   115
sin que por eso comparando vayas
con paredes de insípidas charmillas[60]
su vario margen; quita esas pantallas;
yo quiero ver en la extensión del soto
la vegetal familia de una ojeada,   120
el árbol joven vigoroso y fresco,
el árbol ya decrépito con canas,
el que es rastrero, el que a los más endebles,
tirano cruel, agota la sustancia;
moral teatro, imagen instructiva   125
de las edades de la vida humana.
Comparadas con ellos, ¿qué suponen
esas verdes trincheras niveladas?,
¿ese aspecto importuno, cuyas formas
nunca sorprenden, porque nunca cambian?   130
Ven variedad, delicia de los ojos,
ven y tuerce el cordel, rompe la escuadra,

---

[60] Antonio Ponz (1725-1792) dice al respecto en su *Viage de España*, refiriéndose a las hayas: «Las hayas son árboles propios para países fríos, y sería en vano quererlas tener en tierras templadas, y menos en las calientes. Las charmillas, que cortadas a guadaña forman en los jardines de los Reales Sitios de San Ildefonso, y de Aranjuez las hermosas paredes de verdura, que se ven en ellos, son especie de haya pequeña. En San Ildefonso, que es tierra fría, se mantienen bien: no tanto en Aranjuez, especialmente desde que elevándose los tilos las han asombrado enteramente, y están en el día muy deterioradas». Y, poco después, añade: «Las expresadas charmillas, y las hayas, con las que también pudieran formarse vistosas paredes de verdura, y muy altas, dan mucha semilla, que nace bien, y se ha visto en Aranjuez sembrada a la sombra» (Antonio Ponz, *Viage de España, en que se da noticia de las cosas más apreciables, y dignas de saberse, que hay en ella*, t. XIII, Madrid, Ibarra, 1788, pp. lj-lij).

dibuja las orillas espaciosas
de mi parque con cabos y ensenadas,
para que pueda recorrer la vista   135
el vasto golfo y, en su inquieta marcha,
salvando encrucijadas y recodos,
ya entre por ellas, ya por ellas salga,
y ya descanse en la ramada unida
donde la mansedumbre se retrata.   140
  Elige, pues, los árboles que deben
ser víctimas del gusto; mas no; aguarda;
no te apresures; la sentencia triste
mírala bien antes de ejecutarla.
¡Ah!, reflexiona, que de un largo siglo   145
son ellos obra lenta, y que no basta
todo el oro del mundo a resarcirte
la fresca sombra en donde abrigo hallabas.
A pesar de eso, ¡cuántos poseedores,
sin precisión ni susto, la cruel hacha   150
asestan contra el pie, los hieren, gimen,
caen en la tierra, que los ve indignada,
y apenas mueren, a aquel sitio hermoso
meditación y amor vuelven la espalda!
Respetad, oh profanos, esos troncos   155
de vejez tan augusta y tan sagrada;
yo os lo suplico en nombre de las huelgas
que tienen los pastores en sus faldas;
en nombre de los toldos deliciosos,
donde vuestros abuelos reposaban.   160
Ya vendrá tiempo en que, por fin, caducos,
cediendo el cetro a la más verde infancia,
recibirán el golpe del acero
y en el polvo verán su frente asada.

¡Oh Versalles! –¡qué pena!– obra asombrosa   165
del tiempo de Le Nôtre[61] y de un monarca,
la hora se acerca; la segur se vibra[62]
y tu arboleda, cuya pompa ufana
a las nubes alzaba la melena,
herida en sus raíces, se desmaya,   170
balancea en el aire, se desploma,
y ya los ramos ciegan la explanada
que con sus pabellones encubrían.
Ya pereció el laurel, ya huyó la palma,
en donde Luis ceñido de sus hojas,   175
victorias y conquistas celebraba.
Dime, dime Cupido, ¿qué se ha hecho
aquel asilo manso, do tu aljaba
hizo a la Montespan[63] suspirar fiera?,
¿aquella sombra, en donde, enamorada   180
hermosa y tierna, La Valiere[64] un día
al hechizado amante revelaba
de su viva pasión el fiel misterio,
rendida al vencedor sin esperanza?
Todo el campo se turba, todo tiembla   185
Y, al estruendo fatal de aquella tala,
los huéspedes del bosque se retiran,
el pueblo de los pájaros se expatría

---

[61] André Le Nôtre (1613-1700), jardinero del rey Luis XIV, diseñó el parque y el jardín de Versalles, así como los de Chantilly, Vaux-le-Vicomte, Saint Cloud, Meudon, entre otros.

[62] [N. A.]: Alude a la tala de la antigua arboleda del jardín de Versailles, ejecutada para darle nueva disposición.

[63] Françoise Athénaïs de Rochechouart de Mortemart, marquesa de Montespan (1640-1707), una de las favoritas de Luis XIV de Francia.

[64] Françoise-Louise de la Baume Le Blanc, duquesa de La Vallière (1644-1710), amante de Luis XIV de Francia.

y dejan con dolor la egregia cuna,
donde con vanidad su amor cantaban.   190
El Olimpo de dioses, al que supo
la escultura erigir frondosas peanas,
vergonzoso de hallarse sin el velo
de aquel verdor antiguo, se apesara,
teme le vean, y hasta Venus misma   195
de estar desnuda alguna vez se empacha.
    Entretanto creced, tiernos pimpollos,
apresuraos a brotar las ramas
que han de poblar de sombra y espesura
segunda vez los campos que os abrazan.   200
Y vosotros, oh troncos moribundos,
consolaos también con nuestra nada;
fieles testigos, visteis que dio muerte
a Corneille[65] y Turena[66] la cruel Parca,
y que, cuando contabais cien abriles,   205
los nuestros –¡ay!– sin retornar pasaban.
    Feliz el que desfruta un bosque antiguo,
y aún más feliz el que un plantel propaga,
pues bien podrá decirse como Ciro,
yo planté este arbolito, sí, los planta;   210
mas, mientras fueres dueño todavía,
no has de dejar prosperen a sus anchas
y, cual pintor que su pincel detiene
para rumiar la idea de la tabla,
ordena mentalmente de tu huerto   215
los sitios, los aspectos, las entradas,
los arbustos pendientes en los cerros,
la maleza florida en la llanada.
Conoce los colores que desdicen

---

[65] El dramaturgo Pierre Corneille (1606-1684).
[66] Henri de la Tour d'Auvergne (1611-1675).

las figuras y formas que se hermanan,   220
haz que el castaño con su copa altiva
no prive al sauce de su copa baja;
que el cambiante del álamo se oponga
al verde oscuro de la encina vana
y que un árbol feliz se constituya   225
conciliador de antipatías tantas.
Emplea en los matices de las hojas
la inmensa variedad de su esmeralda:
del verdeceledón el grave tono;
del verdegay la brillantez más clara   230
y, alternando las sombras con las luces,
une las cosas fuertes con las blandas.
Sobre todo contempla hermosa y mustia
del macilento otoño la guirnalda
cuando los aquilones impetuosos   235
sus despojos marchitos desparraman,
como a cada momento y, hoja a hoja,
se van viniendo al suelo, y al mirarlas
el solitario triste pierde el hilo
de la meditación que le ocupaba.   240
Tienen aquestas ruinas su aliciente
para mi corazón pues, si me embarga
algún pesar profundo, me consuela
unir mi duelo al duelo de las plantas.
Solo y vagueando por la selva seca,   245
gusto pisar la pálida hojarasca
y me digo a mí mismo: ya se fueron
los días de embriaguez, locura y zambra.
Dulce melancolía, a ti me entrego.
Ven, pero no con frente encapotada   250
de horribles nieblas, donde el tedio mora,
sino más bien de aquella sutil gasa
con que en otoño un pardo día muestra,

entre blandos vapores luz templada,
y que algún llanto tierno y delicioso   255
a tus ojos se asome sin que caiga.
  Pero, mientras el ánimo se ocupa
de especies tales, mi atención reclama
las matas y arbustillos, bella estirpe,
que entre la flor y el árbol sois escala,   260
venid a decorar toda la escena
con vuestras miniaturas delicadas,
¡pues, si, impelido menos de mi asunto
al término a que aspiro, no volara
con cuanta complacencia, enlazaría   265
de vuestros tallos las flexibles varas
y, bajo de sus bóvedas fecundas,
correr haría un manantial de plata!
En cúpulas y techos yo uniría
a modo de glorietas vuestras ramas,   270
y las yedras, asiéndose del olmo,
en su corteza rígida enroscadas,
pudieran parecer hermoso emblema
de la unión de la fuerza con la gracia.
Todos vuestros colores mezclaría,   275
y del azul, del blanco y de la grana,
que en vuestras flores, cálices y anteras
ceban la vista y nunca la empalagan,
un cuadro tan brillante pintaría
que Van Huysum,[67] al verlo, lo envidiara.   280
  Mortal, a quien el cielo dio riquezas,
usa con arte fiel de esta abundancia;
reparte sus favores lisonjeros
entre las estaciones y, pues gratas

---

[67] «Van-Huisem» en el manuscrito de La Laguna. Se trata del pintor holandés Jan Van Huysum (1682-1749).

varían de colores y perfumes,   285
haz que, volviendo todas con su gala,
no permitan que el año mire nunca
su diadema de flores desecada.
Así, mudado todo con el tiempo,
también en tu jardín habrá mudanzas,   290
pues tendrá cada mes su bosquecillo,
y este su primavera, momentánea
a la verdad; pero tu industria puede
compensar con usuras esta falta,
si plantares tus árboles de modo   295
que, aunque sin flor, no estén sin elegancia.
Buen ejemplo el de Aglae,[68] que prolonga
artificiosa el don con que avasalla
y, declinando de la edad primera,
todavía seduce y es amada.   300
El cielo amigo no privó al invierno
en su rigor de toda presentalla,
pues hay diversos árboles que visten,
burlándose del frío, verdes capas.
Verás el tejo, el pino resinoso,   305
el acebo bruñido, la carrasca
y, sobre todos, el laurel divino,
que con su pompa el campo desagravian.
Verás cómo el coral de sus bellotas
y de sus tardos frutos la escarlata,   310
entre las malaquitas de las hojas,
forman matices que el verdor esmaltan.

---

[68] En la mitología griega Aglaya, Aglaia o Aglae (la esplendorosa) era la más joven y bella de las tres Cárites. Simbolizaba la inteligencia, el poder creativo y la intuición. Chompré, s. v. «Aglaya», la define como una de las tres Gracias.

Y, si en desnudos bosques estas prendas
cuanto menos se esperan más encantan,
procura disponer para el invierno   315
el jardín en que el sol a tomar salgas.
El pájaro ligero que no encuentra
otra frondosidad en la comarca
allá vuela, retoza, picotea,
el tiempo olvida, y el lugar le engaña   320
tanto que por creerse en abril mismo
canta la primavera entre la escarcha.
   ¿Y qué diré de aquellos reales huertos
que del enero triunfan con más maña?
Buen testigo eres tú Monceaux[69] dichoso,   325
que siempre verde en todas circunstancias
imitas de los árboles ausentes
los tiernos tallos, y en tus gratas pardas
parece que se encierran los hechizos,
con que fascinan las hermosas hadas.   330
Allí la rosa en medio del granizo
sabe nacer, y la intemperie ultraja,
y allí las estaciones y los climas,
vencidos del prestigio, rinden parias.
   Mas no son los prestigios el adorno   335
que da al jardín la más rumbosa gala;
el verlos con frecuencia los marchita
y, mientras un extraño se solaza
con su sombra y verdor, ya el dueño llega,
mira sin interés o no repara.   340
Hay otros medios, sí, y otros secretos
para hacer su hermosura siempre grata.
¡Oh! ¡Cómo los lapones han sabido
engañar del invierno las bravatas!

---

[69] [N. A.]: Jardín de invierno del duque de Chartres.

Nuestros soberbios tilos, nuestros olmos,   345
en regiones tan frías, se desmayan
y tan solo los tétricos abetos
brotan con pena por la tierra helada;
pero cualquiera mata que aquel clima
perdonar suele logra la ventaja   350
de otro primor más noble; muchas veces
por un amigo suele ser plantada,
suele ser por un padre o por un hijo,
o por un huésped que, al volver la espalda,
parte, dejando el duelo de su ausencia   355
y su adorado nombre en esta mata.
   ¡Vosotros cuyo cielo es más benigno
imitad una industria tan bizarra,
capaz de animar todo; ya los bosques
no estarán yermos, no estarán sin habla,   360
pues morarán en ellos mil memorias
ya de amigos ausentes, ya de damas
que bien haríais, cuando un Dios propicio
colma vuestros deseos y os regala
un infante precioso, si en memoria   365
de tal favor, al niño dedicarais
de algún nuevo plantel los tiernos brotes!
Pero, musa, ¿qué es esto? ¿Mientras cantas
no escuchas en el aire dulces ecos?
Nació, nació del cetro de la Francia,   370
el único heredero; en mar y tierra
sobre nuestros baluartes y murallas
lo anuncian con estruendo a entrambos mundos
los rayos de metal que Marte inflama.
No bastan flores para ornar su cuna,   375
alcanzadme laureles, dadme palmas,
que su primera luz sea luz gloriosa
y su arrullo primero, himnos de Palas.

Y tú, por quien nos da tal dicha el cielo,
nudo feliz de Francia y Alemania,   380
tú, por quien un hermano y un esposo
parecen olmos que un festón enlaza,[70]
hermana, madre, reina, esposa augusta,
ya el himeneo fiel, ya la cruel Parca
te quitan una madre y dan un hijo,   385
con que en tus ojos llanto y risa estampan.
Otros, en el exceso de su gozo,
animarán el lienzo, el mármol, la arpa
mientras yo, de los campos buen amigo,
solo te haré mi corte en la morada   390
donde Flora y los céfiros te sirven.
Iré a Trianón,[71] y en sus floridas aras
consagraré a tu niño un bosquecillo
de árboles con su nombre y de su infancia.
Tú lo verás crecer con los pimpollos   395
de un momento de tan simple traza
y, creciendo él con ellas, vendrá un día
a gozar de estas sombras sus hermanas.
      En fin, tu corazón y tus sentidos
se alegran en tan bellas enramadas;   400
pero, dime: ¿deseas mayor gloria?,
¿quieres triunfar del arte con la audacia?,
pues al timbre de diestro jardinero
será preciso que el dictado añadas
de Criador. ¿No ves cómo en silencio   405
el alma vegetal sin lujos labra
y para propagarse se fatiga?
Pues ¿por qué no auxilias estas ansias?

---

[70] [N. A.]: La reina de Francia, hermana del emperador José II, dio a luz un delfín al tiempo que falleció la emperatriz reina María Teresa, su madre.
[71] [N. A.]: Sitio y jardín real en el parque de Versailles.

¿Puedes adivinar cuáles tesoros
te reserva la industria más avara?   410
Como a su arbitrio, el fontanero astuto
conduce la corriente, así la sabia
se puede dirigir por otras sendas,
y ennoblecerse una feraz campaña
con nuevas bodas de virgíneas púas,   415
que mutuos dones rindan enjertadas.
Los árboles, los frutos y las flores;
sabor, color y olor con eso cambian;
toma el melocotón quilates nuevos,
multiplica la rosa sus cucardas   420
y el clavel sus matices. Ea emprende,
Dios hizo el mundo, el hombre lo engalana.
Mas si a tales conquistas no te atreves,
hay bajo de otro cielo otras alhajas;
invádelas también; mira al romano   425
que, justo usurpador de frutas raras,
el albarcoque y la ciruela de oro,
de Damasco y Armenia trajo a Italia[72]
y, cuando todo el pueblo se engreía
con los metales, pórfidos y estatuas   430
del vencedor Lúculo,[73] el sabio solo
entre sus manos con placer miraba

---

[72] Delille escribe: «[…] Ainsi le fier Romain / Et ravisseur plus juste, et vainqueur plus humain, conquit des fruits nouveaux, porta dans l'Ausonie / le prunier de Damas, l'abricot d'Arménie, / le poirier des Gaulois, tant d'autres fruits divers» (Jacques Delille, *Les jardins...*, p. 44 [canto II, vv. 387-390]). Aquí, José de Viera y Clavijo opta por eliminar la referencia a las conquistas botánicas realizadas por los romanos en las Galias para recordar únicamente las que hicieron en Oriente Medio.

[73] Lucio Licinio Lúculo (h. 118-56 a. C.). Cónsul en el año 74, venció a Mitrídates VI de Ponto (Asia Menor).

el cerezo feliz que entraba en Roma
con un aire de triunfo desde el Asia.
¿Y por ventura estos romanos mismos   435
no vieron acudir desde las Galias
de nuestros padres belicosas huestes,
buscando el feraz suelo de las parras
y, consagrando a Baco sus banderas,
con néctar del vencido coloradas?   440
De tan bello trofeo envanecidos,
tornaban los soldados a la patria
y, adornando las picas con sarmientos,
de pámpanos sus sienes coronaban.
Tal aquel dios que vuelto de la India,   445
debelado ya el Ganges por sus armas,
vio los collados celebrar su triunfo
con alegres vendimias y risadas.
Hijos de aquellos galos trabajemos
por apropiar al campo esta abundancia;   450
mirad este jardín vanaglorioso
de verse sometido a la guadaña
del que el cetro de Temis[74] tuvo asido
como está rico de infinitas plantas,
recogidas del término del mundo,[75]   455

---

[74] Temis, la del «buen consejo», encarnación del orden divino, las leyes y las costumbres. Chompré la define «hija del Cielo y de la Tierra y diosa de la justicia», a quien se representaba con la balanza en la mano y los ojos vendados.

[75] Delille escribe: «Voyez dans ces jardins, fiers de se voir soumis / à la main qui porte le sceptre de Thémis, / le sang des Lamoignon, l'éloquent Malesherbes / enrichir notre sol de cent tiges superbes» (Jacques Delille, *Les jardins...*, p. 45 [canto II, vv. 410-412]). En la obra de Viera desaparece la mención al político y botánico Guillaume-Chrétien de Lamoignon de Malesherbes (1721-1794), protector de *L'Encyclopédie*, que murió ejecutado en la guillotina durante El Terror.

del monte erguido, de la humilde playa,
del tronco[76] del ocaso y de la aurora,
del Mediodía ardiente y zona helada,
hijas todas del sol y de la noche,
que en un clima cien climas nos retratan. 460
En medio de estas plantas exquisitas,
por América, Europa, África y Asia,
viajo en un punto, y ellas se confunden
al verse con las nuestras asociadas.
El forastero en ellas reconoce 465
del país que dejó la sombra grata
y, al ver la imagen de su patria misma,
de su destierro duda y se arrebata
enternecido con memorias dulces…
Joven Potavery, di si esto pasa.[77] 470
    Del campo de O-Taití,[78] que amó muy niño
–campo donde el amor sin rubor anda,
mas no sin inocencia–, vino a Europa
este ingenuo salvaje, y en su alma
la amada libertad echaba menos, 475
la amena isla, las modales francas.
Nuestras ciudades con su falso brillo
le sorprendían, pero le cansaban:
«restituidme a mis bosques», repetía;
hasta que entrando acaso una mañana 480
en el jardín, donde de veinte climas
congregó Luis las cortes de las plantas,

---

[76] En el manuscrito lacunense, «trono». Cfr. Jacques Delille, *Les jardins…*, p. 45 (canto II, v. 416), donde se lee «des portes du couchant, de celles de l'aurore».

[77] [N. A.]: Era un mozo de la isla de O-Taití en el Mar del Sur, traído a Francia por Mr. de Bougainville.

[78] Tahití.

para que presten a Jussieu[79] obediencia,
mudando de estación y de morada,
al reconocer el indio estas colonias,   485
vio de improviso con sorpresa extraña,
entre aquella arboleda, un arbolito,
su conocido desde edad temprana,
levanta el grito, corre hasta su tronco,
vertiendo dulces lágrimas lo abraza   490
y de encendidos ósculos lo cubre.
¡Cuánto objeto apacible allí le asalta!
Su fértil tierra y el benigno cielo,
que en tiempo más dichoso le alumbraba;
y el río en que nadó con ligereza;   495
y el soto en que dio muerte a tanta caza;
y el plantano-banano,[80] que produce

---

[79] Subrayado en el manuscrito de La Laguna. Se trata de Antoine de Jussieu (1686-1758), médico, botánico y naturalista francés. En esta última estrofa, se hace referencia a las actividades a las que se dedicaba este botánico en el llamado *Jardin du Roy*, actualmente Jardín de las Plantas de París. Se alude a la introducción y a los ensayos de aclimatación de plantas ultramarinas en este jardín, especialmente las que provenían de las posesiones francesas, como Tahití, bajo la supervisión de Jussieu. Uno de los hermanos de Jussieu pasó más de 30 años en América del Sur (de 1735 a 1771), sobre todo en los Andes, de donde le expedía semillas y plantas. Vid. Philippe Morat, «Antoine de Jussieu», en France-Archives. Portail national des archives, en línea: <https://francearchives.fr/fr/pages_histoire-/38894>.

[80] Durante su estancia en Tahití, Louis Antoine de Bougainville (1729-1811) pudo observar cómo los nativos utilizaban las hojas del plátano como enseñas o símbolos de paz: «Corrimos a toda prisa hacia la tierra, cuando distinguimos una canoa que venía de alta mar y bogaba hacia la costa, empleando su vela y sus pagais. Nos pasó a proa y se reunió con una infinidad de embarcaciones, que de todas las partes de la isla acudían delante de nosotros. Una de ellas precedía a las demás, y tenía doce hombres desnudos que nos presentaron ramas de plátanos, y sus demostraciones

largos racimos bajo de hojas anchas;
y el paternal hogar, cuyo recinto
era el vergel donde se recreaba; 500
todo lo ve de golpe y, a lo menos
por un corto momento, halla su patria.

---

atestiguaban que era aquella una señal de paz. Nosotros les respondimos con todas las señales de amistad que podíamos hacerles; entonces se llegaron al navío, y uno de ellos, notable por su enorme cabellera, nos ofreció con su ramo de paz un cochinillo y una porción de plátanos. Aceptamos su regalo que ató a una cuerda arrojada por nosotros; en cambio le dimos gorros y pañuelos, y estos presentes fueron la prenda de nuestra alianza con aquel pueblo» (Eduardo Charton, *Los viajeros modernos o relaciones de los viajes más interesantes e instructivos que se hicieron en los siglos XVI, XVII y XVIII con biografías, notas e indicaciones iconográficas*, París, Administración del Correo de Ultramar, 1861, p. 282).

CANTO III

Lo cantaba el jardín y la floresta
Cuando, agitado de Belona,[81] el parche
tres veces resonó y, al estampido,
dejan nuestros guerreros los hogares,
y deserta por ir a otro horizonte   5
de los huertos de Venus el cruel Marte.[82]
Dioses de los vergeles y los bosques
de la inocente paz, dioses amantes,

---

[81] Como escribe Chompré, es la «diosa de la guerra y hermana de Marte: era la que preparaba su carro, y ponía los caballos cuando él iba a la guerra. La representan teniendo un látigo, o una varita teñida de sangre, el cabello esparcido y los ojos llenos de fuego». Grimal dice que, poco a poco, acabó identificándose con la divinidad griega Enio. «A veces pasa por ser la esposa del dios Marte, y también es representada conduciendo su carro, con rasgos horripilantes, empuñando una antorcha, o bien una espada o una lanza. Se parece mucho a la representación tradicional de las Furias».

[82] Alusión a los huertos o jardines de las Hespérides. El padre Vitoria escribe, hablando de los trabajos de Hércules, «con esta relación passó a África, donde estaban estos Huertos Hesperios, y haviéndolos encontrado, vio que estaba en guarda de ellos, y de sus ricas manzanas un fieríssimo dragón, el qual nunca se adormecía…; y dice más Natal Comité en el mismo lugar que trató esto, que también aquellas tres manzanas de oro, que Venus dio a Hypómenes para que venciesse a la hermosa Atalanta, eran de estos Huertos, como lo dice Teócrito en su *Amariles*» (Baltasar de Vitoria, *Segunda parte del Theatro de los Dioses de la Gentilidad*, Madrid, Juan de Ariztia, 1738, p. 125).

no os asustéis; muy lejos de destruiros,
Luis os quiere erigir nuevos altares   10
en remotas riveras, y que un pueblo
amigo suyo y que oprimido yace
recoger pueda alegre el grano triste,
que sembraron con pena sus afanes.[83]
   Y vosotros mancebos belicosos,   15
que un Nuevo Mundo admira en esos mares,
yo no puedo seguiros, mas mi musa
queda dando al jardín gracias y esmaltes
para cuando volváis; haré que crezcan
flores que vuestros pechos embalsamen,   20
laureles que coronen vuestras sienes,
fuentes que os den albricias murmurantes,
gramas que vuestras huellas entapicen
y glorietas de mirtos y rosales,
a cuya sombra echados, blandamente,   25
y olvidados de sitios y combates,
refiráis con placer a vuestros hijos
nuestras victorias, mientras los rapaces,
entre esperanzas, dudas y temores
de un riesgo que pasó, tiemblen cobardes.   30

---

[83] Francia y España vieron en las luchas por la Independencia de Estados Unidos, una posibilidad de resarcirse del desastroso Tratado de París (1763) que puso fin a la Guerra de los Siete Años. Francia, en concreto, firmó una alianza con los patriotas norteamericanos en 1778, les prestó ayuda económica, tropas (que salieron de los puertos de Toulon y Brest, a las órdenes de La Fayette y Rochambeau) y apoyo marítimo durante la contienda. El poema *Los Jardines* de Delille se publicó en 1782, precisamente, en la etapa final de la guerra con los ingleses, y al año siguiente se firmó la Paz de Versalles, que reconoció la independencia de los Estados Unidos de América.

Para lo cual pulamos el adorno
de los frescos jardines, cuyas calles
en otro tiempo solo me ofrecían
tristes, secos y ardientes arenales,
hasta que, en fin, nos dio la Inglaterra   35
de decorar el suelo el gentil arte.
Empuña pues, guadaña y regadera,
la sed sacia, atusa el verde estambre
de los céspedes finos que produce,
y haz que algún rollo fuerte los iguale   40
para que, siempre unidos, siempre espesos
y exentos de las hierbas más voraces,
reparen su vejez y logren siempre
de una felpa mullida el simple traje.

   Mas este lujo de una viva grama   45
no lo expendas en sitios muy distantes,
propios para los prados deliciosos,
donde pasten tus tropas de animales,
y donde des a los ganados crías,
al campo abonos, a la vista ensanches,   50
sin que desdeñes por un necio orgullo,
de abrir a tu vacada el pingüe parque,
pues no hay que recelar que aquestos brutos
tus parques ni mis versos menoscaben.

   Además de tejer tales alfombras,   55
mide sus formas, regla sus arranques
y no canses con cuadros uniformes,
con triples cercos, con cuarteles pares,
aquel aire feliz de la franqueza,
que es en un césped el primer donaire,   60
cuando de la arboleda silenciosa
las sombras busca y de las sombras sale.

¿Quieres más hermosura? Date prisa,
colora el prado con matices suaves,
pues tu jardín ya está pidiendo flores.   65
Sí, flores bellas, vuestra tez brillante
da a la naturaleza el grato aspecto
y el prototipo de lo bello al arte.
Vosotras sois el don más inocente
que ofrece la amistad que osa el amante;   70
tenéis la gloria de prestar más lustre
a la hermosura; de añadir quilates
al laurel que corona la victoria;
de premiar el pudor y el buen talante
de la pastora en la majada honesta   75
y de servir de ofrenda y homenaje
sobre el altar, con cuyo olor divino
la religión más pura se complace.
Pero el jardín es vuestro propio templo,
venid, venid a él, oh hijas amables   80
del claro sol y del rocío dulce;
venid a él, seréis su mejor parte;
y no temáis que idolatra mi afecto
sin formaros en grupos ni en bancales,
de cuartel en cuartel, de poyo en poyo,   85
vaya a observar vuestro color variable.
Sé que en Harlem[84] un triste aficionado
de su jardín no sale y, vigilante
para ver su renúncula, madruga,[85]

---

[84] [N. A.]: Es una ciudad de Holanda, en donde se hace un gran comercio de flores exquisitas.

[85] «El perígono pues es ya simple o de una sola pieza o monofilo como en la campanuda, la hermosa de noche; o ya de muchas piezas y por consiguiente polifilo como en la renúncula y la dormidera» (Dr. Salacroux, *Elementos de historia natural que contienen zoología, botánica, mineralogía y*

adora de un anémona el esmalte   90
y, en competencia, compra a peso de oro
de un clavel los penachos y ramales.
Déjale allá que en su manía extrema
celoso goce y avariento guarde,
mientras vosotras, halagüeñas flores,   95
exentas de caprichos semejantes,
para pintar la tierra de colores,
no encerráis entre bojes ni arrayanes,
como en fatal prisión, vuestro incentivo;
sed de vuestros tesoros liberales,   100
amenizad las orlas de estas sendas,
matizad el tapiz de estos herbajes,
componed ramilletes y macetas,
bordad tortuosas de un arroyo el margen,
revestid la espalera de aquel muro   105
o colmad con primor este azafate,
a cuya vista corra la abejuela,
y en la elección del néctar se embarace.
Rapin[86] os siga en todas estaciones,
os nombre a todas, copie vuestras fases   110
a pesar del buen gusto, mas ¿quién puede
rehusar a la rosa el vasallaje?

geología, trad. de Bartolomé Mestre, t. III, Palma, José Gelabert, 1843, p. 37). En el manuscrito lacunense figura «renúculo».

[86] [N. A.]: El Padre Rapin escribió un elegante poema latino sobre los Jardines. // El jesuita francés René Rapin (1621-1687). El poema lleva por título Hortorum libri IV (París, 1665), siendo traducido al inglés en 1673 y 1706. Escribió también sobre Jansenismo.

¿A la rosa inmortal, dosel de Venus[87]
festón de mayo, del amor carácter,
que a Horacio coronaba en los festines, 115
y a Anacreonte alegre en sus cantares?
Este halagüeño asunto me embelesa,
y el cuadro emprendo de un pincel más grave:
Adiós hierba florida de este suelo,
adiós retamas, mirtos, azahares, 120
a Dios que los peñascos y las breñas
mi atención llaman con feroz semblante;
y, aunque es verdad que en un jardín antiguo,
la sublime aspereza era desaire,
después que la pintura le da leyes, 125
perdieron su derecho los compases,
y ya el jardín, con venturoso arrojo,
convierte en hermosuras los contrastes.
Gallardas son las rocas, mas si el sitio
no ofrece en realidad masas gigantes 130
de la naturaleza émulo inútil,
no quieras contrahacer la infiel imagen,

[87] «Purpúreas fragrantes rosas debían ser las flores que tenía el Amor en su mano: que circuida de rosas describe Apuleyo a su madre la diosa Venus… Son estas flores reinas muy parecidas al Amor, rey de los corazones. Es la rosa brillante esplendor del prado [...]. A una herida del pie de Venus debe toda su hermosura la rosa [...]. Nació la rosa en ameno Jardín de Venus; y en florido pensil de la belleza nace también el Amor. En el rosal todo espinas se aclama la tierna rosa reina de olorosas flores, y en trono de corazones amantes se aplaude rey el Amor, sin que en pecho del que ama falte multitud de espinas en amorosos cuidados [...]. Entre cuantas bellas flores nacen hermosas hijas de la florida primavera, ninguna brilla con más encendido color que la rosa: es abrasada ascua del prado; y es el Amor incendio en el dilatado campo del espacioso enamorado corazón» (Juan Bautista Aguilar, *Tercera parte del Theatro de los Dioses de la Gentilidad,* t. III, Madrid, Juan de Ariztia, 1738, p. 233).

pues se habrán de burlar de un montecillo,
aborto vil de un parto miserable.
Lejos de estos esfuerzos impotentes,   135
a Midleton,[88] al monte Dovedale,[89]
Whately[90] yo te sigo, y al seguirte,
me penetra el horror más agradable.
¡Qué interrupción en estas altas cimas
que al cielo embisten y al abismo caen!   140
Apoyadas las unas a las otras,
unas con otras en perfecto enlace,
a veces en el aire suspendidas,
a veces como torres o pilares,
por cuyas negras quiebras y roturas   145
se ve lo azul de un cielo allá distante,
arroyos claros de corrientes puras,
chorros sin fin de fríos manantiales;
todo recuerda aquellas descripciones
con que pintan sus mágicos umbrales,   150
llenos de encantamientos y prestigios,
los poetas que inventan los romances.

---

[88] Midleton pertenece al condado de Cork (Irlanda). Con el nombre de Middleton, sin embargo, hay numerosos lugares en el Reino Unido y en Estados Unidos de América.

[89] [N. A.]: Midleton y Dovedale son dos parajes de Inglaterra, famosos por lo pintoresco de sus rocas, de que hizo una bella descripción Mr. Whately. // Dovedale es un valle muy popular en el *Peak District* de Inglaterra, muy visitado y alabado de los turistas y románticos locales, aunque no parece en principio que las vistas ni las rocas ofrezcan nada particularmente interesante.

[90] Thomas Whately (1726-1772) fue un político y escritor inglés. Los horticultores le recuerdan por sus *Observations on Modern Gardening* (Londres, 1770), que escribió mientras vivía en su casa-mansión de Nonsuch Park.

Sin embargo, del uno al otro objeto
no han de ser repentinos los pasajes,
y serán menester magias y hechizos   155
para acordar este primor salvaje.
Mas el arte es la magia y el hechizo;
los ramosos y espesos vegetales
aquel dispone y, a su voz los cerros
se envanecen de verse tan galanes,   160
para cuyos preciosos atavíos
de plantas muda y que a los ojos salten
tonos, formas, colores diferentes
y, en medio de ellos, peñas desiguales,
de modo que se oculten o descubran   165
matas con riscos, riscos con ramajes.
¿Rastreros todavía los arbustos
no pueden revestir los peñascales?
Pues yo gusto mirar sus tallos tiernos
con las áridas piedras abrazarse,   170
y la cabeza calva de una roca
ceñirse, en la estación verde turbante.
No es esto todo[91] porque, si entre peñas
descubres un gracioso alegre valle,
debes sacar partido y, de repente,   175
hacer de sus riquezas nuevo empate.
¡Y qué! ¿Será preciso adornar siempre
para causar placer? No, pues hay lances
en que el arte que amansa los horrores
los debe conservar con mejor arte.   180
En el borde de un fiero precipicio
coloca una cabaña, y esta lo hace
que parezca mayor y cause grima,
en las tajadas peñas con coraje,

---

[91] En el manuscrito lacunense, «Ni es todo».

desde una cumbre al otra arroja un puente,   185
a cuyo paso tiembla el caminante,
viéndose suspendido en el abismo,
donde recuerda tristes ejemplares
de enamorados que se dieron muerte,
de ganados perdidos y viajantes,   190
cuentos antiguos que el vulgacho admira
y entretiene la noche en los aduares.
Usarás, sin embargo, sobriamente
de estos rudos efectos; somos tales
que en la aldea y el campo preferimos   195
las dulces conmociones a las grandes.
Yo mismo necesito –lo conozco–
descender de las sierras montaraces,
por volver a mis ramblas voluptuosas
y, pues flores las di, hierba y boscaje,   200
ya será tiempo que las aguas corran,
a cuyo fin, oh rocas, que poco antes
despojadas estabais de verdores
y a mi lección debéis frondosidades,
abridme vuestras fuentes escondidas;   205
y vosotros arroyos, ríos, cauces,
venid a dar la vida y la frescura,
¿a vuestras limpias aguas, qué equivale?
De lejos nos convida su murmurio,
nos divierten de cerca sus cristales.   210
Ellas son lo primero que se busca,
las que se dejan sin querer dejarse,
las que fecundan las campiñas yermas,
las que tranquilas copian los celajes,
las que sonoras pasman nuestro oído   215
y bulliciosas nuestra vista atraen.

Venid, venid, repito… ¡Oh, si mis versos
pudieran exceder vuestros raudales,
ser más ligeros que el ambiente fresco,
que los carrizos dobla en vuestro margen,   220
más puros que vosotras y más dulces
que el susurro que hacéis con los embates!
    Pero los que ejercéis la suerte bella
de dirigir las ondas saludables,
procurad respetar sus propensiones,   225
y aun sus caprichos, en sus libres viajes.
Si las veis revolver por varios surcos,
¿con qué derecho osáis poner en cárcel
su inquieta fluidez? ¿De qué les sirven
en tan triste prisión los nobles jaspes?   230
Mira aquella zagala retozona
Que, sueltos los cabellos por el aire,
marcha, corre, da brincos en la hierba
sin composturas, muecas ni disfraces,
pues su gracia consiste en su soltura.   235
Mira después en la opresión infame
de un serrallo oriental a una belleza,
en vano brilla, en vano hace alarde
de su pompa cautiva, ni del lujo
de tantas bagatelas despreciables;   240
no sé qué sombra adversa se acostumbra
que aja su luz y apaga su semblante.
Conserva a la corriente su albedrío
o haz que en prisión adquiera más realce;
que, si Morel[92] con elocuente pluma   245

---

[92] Jean-Marie Morel (1728-1810), autor de *La théorie des jardins* (París, 1776). Fariello apunta que este «distinguido diseñador de jardines y ardiente innovador», supo poner freno al desorden y a las exageraciones de ciertas tendencias anglo-chinas. Según indica este mismo autor, Morel

defendió sus derechos, yo no obstante
admiro aquellos fuegos divertidos,
cuando oprimida el agua en los canales,
rompe, salta, se eleva furibunda
tanto que, al ver penachos tan audaces,   250
el hombre dice: «yo crie ingenioso
un portento tan nuevo y admirable».
Mas, repito otra vez, este portento
solo es propio de reyes o magnates,
y no de un pobre lujo, cuyo chorro,   255
lleno de encogimiento y de vejamen,
apenas osa descollar del suelo,
cuando muere a dos pies de donde parte.
Aun en las mismas quintas opulentas,
haz que todo sea igual, que todo encante   260
y que todo persuada a nuestros ojos,
que vino una hechicera a aquel paraje
y con su vara mágica dispuso
el golpe de agua que del caño sale.
Yo he visto de San Cloud, el salto erguido[93]   265
y mis ojos midieron sus alcances;
vi las olas rodar sobre las olas,

---

había subrayado que toda su teoría se fundamentaba en la naturaleza, ya
que solo ella proporcionaba «los preceptos, los ejemplos y los materiales». Lo mismo que Duchesne –añade–, admitía disposiciones regulares
en torno a la casa, pero limitaba el uso de las construcciones, y distinguía
cuatro tipos de jardín: el paisajista, el parque, el jardín propiamente dicho
y la granja. El primero debía distinguirse por su variedad y por su completa imbricación en el paisaje. El jardín propiamente dicho exigía elegancia y riqueza, y, al ser más limitado, debía reproducir una imagen en
miniatura de la naturaleza. Aconsejaba mucha discreción en el empleo de
construcciones (Francesco Fariello, *La arquitectura de los jardines. De la
Antigüedad al siglo XX*, Barcelona, Editorial Reverté, 2004, p. 243).

[93] [N. A.]: Célebre palacio y jardín del duque de Orleáns.

y que el árbol, la gruta y el estanque
las celebraban; vi más verde el suelo,
más fresca el aura, y las ligeras aves 270
que al canto se animaban con el ruido,
mientras que la arboleda vacilante,
con el rocío que mojó sus copas,
daban a sus pimpollos mayor auge.
    No menos agradable y más campestre 275
adorna la cascada estos lugares,
pues despeñada a un tiempo y suspendida
con su alegre inquietud hace variables
los árboles, las rocas y arroyuelos;
mas tan bellos efectos no maltrates 280
con graderías por do el agua insulsa
baje siempre con pasos tan iguales
que cuando arrebatada se atropella,
en medio del furor guarde compases.
    La variedad tan solo nos divierte, 285
y en cascadas también hay variedades;
ya con tumulto el agua, desprendida
por un meandro de tortuosas madres,
corre, tropieza, salta, espuma y ronca
y ya con lentitud su vidrio esparce, 290
manso raudal, sin cólera y sin miedo,
que despliega sus líquidos olanes.[94]
    Al ver anfiteatros tan amenos,
el alma conmovida se complace
con el reflejo de argentadas luces, 295
sobre el diáfano azul del claro aguaje,
con el pardo de peñas retorcidas,

---

[94] Es decir, olajes.

con el verde de cañas y junciales
y con la blanca espuma, que creciendo
guarnece las orillas de su encaje.   300
   Medite pues el arte de los efectos
de un fluido tan pronto en domeñarse
que, con bonanza, lento o impetuoso,
cuadros ofrece, dulces o arrogantes,
cuadros sublimes, ¡ah quien no ha sentido   305
una impresión profunda, cuando errantes
las sierpecillas ágiles se estrellan
contra las limpias guijas y, al quebrarse,
salpican con aljófares la hierba!
¡O, cuando en un remanso, sobre el jable,   310
un arroyo indolente y silencioso
desdobla en paz los pliegues de su traje;
o, en fin, cuando un torrente entre las rocas
se atropella ruidoso a todo trance,
y triste, alegre, vivo, suave o fuerte,   315
caricia o amenaza a cada instante!
   De Venus cuentan que la faja hermosa[95]
compendiaba en su estofa de cambiantes
el amor y el deseo y la esperanza
del placer precursora, semejante,   320
¡oh divina Cibeles!,[96] es tu cinto

---

[95] «Ceste» es el nombre del cinturón, faja o cintura de Venus, donde, tal como dice Chompré, estaban contenidas las gracias, los deseos y los atractivos, por lo que le fue solicitado por Juno para hacerse amar de Júpiter.

[96] Diosa de las cavernas y las montañas, las fortalezas, la naturaleza, los animales y la tierra fértil. Equivale, en Roma, a Magna Mater, la Gran Madre. También representa la vida, la muerte y la resurrección. Se la representa con una corona murada y acompañada de leones, que tiran de su carro. Chompré dice que le estaba consagrado el pino y que su vestido estaba sembrado de flores.

Que, tejido de fuentes y raudales,
contiene la alegría, la tristeza,
la turbación y el susto al desdoblarse.
¿Y quién más que no yo lo ha conocido?   325
Siempre me acordaré de aquellas tardes
en que las negras sombras de la pena
llenaban mis potencias de pesares,
pues si el reclamo de un vecino arroyo
llegaba a mis oídos, sin pararme,   330
iba en su busca, visitaba ansioso
la orilla de sus olas deleitables,
y el frescor, el murmurio y la corriente
de mi amargo dolor eran calmantes.
   En medio de estos plácidos consuelos,   335
arroyo encantador, deja me encargue
de hacerte a nuestra vista más hermoso,
si es que puede la industria hermosearte.
Sobre una gran llanura un arroyuelo
solo forma una raya; su carácter   340
es ser modesto y, cuando marcha o corre,
la gran publicidad le es repugnante.
Con más satisfacción baña en secreto
un bosque inculto, un bosque le es amable,
¡quien pudiera deciros sus antojos,   345
sus tropiezos, sus fugas, sus ambages!
Cómo siempre le irritan los estorbos
¡y cómo airado es más interesante!
Cómo bajo la sombra, en una acequia,
huraño oculta aquel humor salvaje;   350
y cómo, en un canal más caudaloso,
la luna de su espejo se deshace.
Ya suelo verlo, sin poder oírlo,
y ya lo escucho sin estar delante;
de una parte, sus aguas amorosas   355

varias islas abrazan; de otra parte,
dos rápidos arroyos se desprenden,
compitiendo en presteza y claridades,
para volver al lecho que los une,
alegres de haber hecho el mismo viaje.   360
Así, desde un recodo a otro recodo,
mudo, parlero, inquieto, haciendo paces,
bajo de mil aspectos diferentes,
aumenta la corriente sus caudales.
   Pero también nos llama a sus riveras   365
el manso río; el río que, al pasearse
por campos más abiertos, nos presenta
de pompa y de nobleza nueva imagen.
Menos modesto, lleva en su afluencia
cataratas de luces celestiales   370
y, dejando al arroyo el regocijo,
los corcovos, los giros y ademanes,
elige para lecho de su curso
las largas curvaturas de los valles.
Y así, como el arroyo entre los bosques,   375
halla su mayor gala, así se aplaude
el río de tener en sus orillas
variedad de frondosos vegetales;
álamos blancos, sauces o mimbreras,
que por un lado y otro le acompañen,   380
produciendo mil escenas y accidentes,
allá una copa trastornada yace
vista en el agua, cuyas hojas tiemblan
movidas de las olas y los aires;
acá otras olas huyen denegridas   385
bajo un ramoso toldo de estandartes,
o reciben por líneas paralelas,
de vario resplandor rayos solares;
ya se bañan los ramos, ya se mecen;

ya la corriente las raíces bate, 390
y ya los troncos de una orilla al otra
parece que saltar quieren jayanes.
Ved, pues, cómo las aguas y arboledas
se ayudan, se hermosean, se rehacen,
y nos muestran con formas diferentes 395
la sombra y la frescura en maridaje.
Ama su unión y, si naturaleza
en un campo feliz obró este enlace,
respétalo también; pobre del necio
que tuviere el valor de mejorarle. 400
Tal es el sitio, ¡oh Watelet[97] querido!
–mi corazón se anima al acordarse–,
tal es el simple asilo, en donde el Sena,
dividiendo su curso en dos mitades,
puras sus aguas, como tus costumbres; 405
libres, como tus días, sus cristales,
van en secreto por umbrosas sendas
a ver de un sabio los dichosos lares.
Mucho deben sus gracias a tus reglas;
no a aquellas reglas cuyos disparates, 410
pretendiendo adornar una campiña,
profanan sus primores naturales;
pues, digno tú de amarlos y sentirlos,
como a una virgen su beldad trataste
quien sin estar desnuda se avergüenza 415
también del mucho adorno y se desplace.
El falso gusto todo lo desluce.
¿Hay un molino en estos carrizales
que excita a meditar con sus arrullos?

---

[97] Claude-Henri Watelet (1718-1786), miembro de la Academia Francesa y honorario de la Real Academia de Pintura y Escultura, escribió *Essai sur les jardins*, entre otras obras.

Pues ese ruido es insufrible; manden 420
que se aleje de allí. ¿Las dos riberas
forman varios recodos y desplantes?
Venga el cordel, se pongan luego a línea
en lugar del verdor que borda el margen,
fórmese un dique que aprisione el río, 425
fíjense piedras que a la grama ultrajen
y una partida de árboles cautivos
arrojen de la orilla al viejo sauce...
Bárbaros, deteneos... Yo os suplico
que respeten[98] tan plácidos lugares. 430
Y tú, gracioso río, tú floresta,
si pinté yo también vuestros semblantes,
si desde el alba de mi edad primera
tuve gusto en cantaros, escuchadme
y ofreced largo tiempo a vuestro dueño 435
la paz que en su interior reina constante.
    Tanto como aborrece el manso río
la aspereza de orillas angulares,
otro tanto se alegra un lago hermoso
con puntas, ensenadas y remates 440
pues, corriendo la tierra hacia las aguas
y el agua hacia los ángulos entrantes,
enamorado un elemento de otro,
parece que se evitan por buscarse.
Por más que un vasto lago sea vistoso, 445
si no interrumpes su llanura instable
con otro objeto, indiferente el ojo
se desliza por ella y se desabre.
Fabrica, pues, un edificio alegre
que, al abrigo de sol, allá distante, 450
se duplique en el agua, o una isla

---

[98] En el manuscrito lacunense, «respetéis».

de aguas durmientes, el mejor esmalte,
o grupos de arboledas repartidos
por todas las riberas y desagües.
Por el contrario, ¿es la laguna estrecha?,   455
pues humilla las lomas de su margen,
retira un poco el bosque o que en el bosque
tras de un ribazo el agua se abalance;
que, al penetrar por las cortinas verdes,
nuestra imaginación, que va delante,[99]   460
goce de ella sin verla, y de esta forma
el dios del gusto con su auxilio sabe,
en las cosas que imita o que produce
templar el vario aspecto a lo agradable.
    Que venga ahora el arte y que se burle   465
con sus guapos jardines de mis planes,
en donde felizmente se respira
un aire libre, un gozo inenarrable,
donde a copos la grama se despliega,
el bosque ingenuo extiende su follaje,   470
no teme el arbolillo la tijera,
se escapa del nivel la flor fragante,
ama el agua su orilla voluptuosa,
la tierra sus adornos y equipajes;
donde todo es sencillo y grande y donde   475
es la naturaleza todo el arte.
    Mas el río y el lago se hallan yermos;
vamos, vamos, poblemos de habitantes
su tersa superficie; que allí moren
en varias flotas las ligeras aves,   480
naves de pluma que con diestro remo
hienden las ondas, sin temer los mares;
que, ufano en medio de ellas, se distinga

---

[99] En el manuscrito lacunense, «que va adelante».

el blanco cisne y con orgullo nade,
el cisne digo, que de un canto erróneo   485
no necesita para ser amable.
¿Y no animan el líquido elemento
los mástiles, las velas y el cordaje,
cuando una barca rápida, impelida
del brioso remero, en su pasaje   490
apenas deja la dudosa estela
que abren allí sus ímpetus fugaces?
Los favonios y céfiros se anidan
en los dóciles pliegues del velamen,
hinchan el lienzo, y cada gallardete   495
es juguete de soplos desiguales.
Si tal vez o la fábula o la historia
y aun nuestros buenos cuentos y romances
celebraron las aguas de una fuente,
esta fama las hace interesantes.   500
¿Qué corazón verá sin conmoverse
a Aretusa y Alfeo?[100] ¿Y cuál amante
o cuál poeta te verá, Vauclusa,[101]
sin quedar encantado y transportarse?[102]

---

[100] Alfeo es una divinidad del río, según la mitología griega, hijo de Océano y Tetis como la mayor parte de los ríos. Se enamoró perdidamente de la ninfa Aretusa, que había jurado guardar su virginidad, y que huyó, por tanto, a la isla de Ortigia, cerca de Siracusa, y se transformó en fuente. Alfeo se convirtió a su vez en el río del Peloponeso.

[101] En la versión lacunense de Los jardines figura, en efecto, Vauclusa (en occitano) que es lo correcto, mientras que la grafía de la copia matritense parece más dudosa en este punto. Como escribió Antonio Ponz «cerca de Aviñón hay un paraje que llaman el Valle de Vaucluse, donde el Petrarca estableció su Parnaso, e hizo las alabanzas de su Laura» (Antonio Ponz, *Viage fuera de España*, t. II, Madrid, Ibarra, 1785, p. 312).

[102] Viera eliminó una mención al río Lignon. El poeta francés escribió: «Quel cœur, sans être ému, trouveroit Aréthuse, / Alphée, ou le Lignon:

En ese cerco de empinados montes,   505
donde las venas de tus aguas laten,
bajo esa gruta de encorvadas rocas,
donde tu ninfa esconde a los mortales,
el manantial augusto de sus ondas
sobre un abismo oscuro e insondable,   510
¡qué placer tuve al ver el licor frío,
ya recogido en conchas de diamante,
ya surtiendo del fondo a borbotones
y, cayendo en madejas y ramales,
de cascada en cascada ir descendiendo   515
con grandes saltos, con estruendo grande,
para echar a correr hasta que llega
a un blando lecho, en donde duerme suave,
y al valle más risueño, que el sol dora
por veinte acequias riega sin cansarse!   520
     Pero ni el valle hermoso ni sus riegos
hicieron impresión en mí tan grave
como Laura y Petrarca; yo decía:
sí, vedla allí; yo tengo allí delante
la orilla que el Petrarca tantas veces   525
encantó con su lira lamentable
y, ponderando a Laura sus amores,
pronto expiraba el día y nacía[103] tarde.

---

toi surtout, toi, Vaucluse» (Jacques Delille, Les jardins…, p. 62 [canto III, vv. 427 y 428]). Así desaparece una referencia a la novela pastoral de Honoré d'Ustré, L'Astrée, publicada en 1609, que transcurre en la zona de Forez, donde pasa el río Lignon. Sobre esta novela y el papel que desempeña en ella este río, véase Jean-Brice Rolland, «De la source d'Aréthuse à la rivière de Lignon: transposition du roman pastoral à la Renaissance et imaginaire de l'eau dans L'Astrée d'Honoré d'Urfé», Dix-septième siècle, vol. 221, nº 4, 2003, pp. 659-674.

[103] En el manuscrito lacunense, «nació».

¡Ah! ¡Si encontrase yo sobre estas peñas
de sus cifras de amor el tierno enlace!   530
¿Dime, gruta escondida, si los viste
alguna vez dichoso?[104] Till[105] gigante,
¿acaso tus verdores dieron sombra
alguna siesta a Laura en este margen?
Yo pregunté por Laura hasta a los ecos;   535
su dulce nombre no olvidaba el valle,
y la memoria de estos dulces nombres
daba más hermosura a aquel paisaje.

---

[104] También está en Vauclusa la famosa fuente de aguas subterráneas, que constituye uno de sus atractivos turísticos en nuestros días.

[105] Til o tilo (*Ocotea fœtens*), árboles de hasta cuarenta metros de altura, de la familia *Lauraceæ* que integran habitualmente la laurisilva macaronésica.

CANTO IV

No, yo no puedo del ameno campo
dejar el espectáculo querido.
¿Y quién desdeñará tan bello asunto,
si movió a Homero, si inspiró a Virgilio?
A Homero, que de Aquiles irritado   5
la cólera cantó; que pintó al vivo
el terror guarneciendo sus caballos,
el vuelo de los dardos dando silbos,
el tridente terrible de Neptuno
derribando murallas y castillos;   10
y que, no obstante, en medio de los choques,
grata memoria de los campos hizo:
grupos risueños, primorosos cuadros,
que sirvieron con frescos coloridos
de descanso feliz a sus pinceles.   15
Si de Peleo al valeroso hijo[106]
da el fuerte escudo, en donde están grabados
los rebatos, las pugnas y los sitios,
también sabe grabar su diestra mano
en ese escudo con cincel divino   20
viñas, florestas, pastos y rebaños,
de cuya dulce imagen, revestido
el héroe griego entre sus duras huestes,

---

[106] Esta referencia a Peleo, padre de Aquiles, no figura en la obra de
Delille.

reparte los despojos más opimos
de la vendimia alegre y de la siega   25
en doradas macollas y racimos.
  Cantor dichoso a tu sublime musa
dejo el cuidado de templar los bríos
de la marcial falange; en paz dichosa
dirigir un jardín es mi destino.   30
Ya el suelo dócil sometí a mis leyes,
ya cubierto de grama su recinto,
Flora vertió con olorosa mano
sobre la verde alfombra el canastillo;
ya coroné las peñas y las aguas   35
con arboleda de color distinto;
solo me falta organizar los cuadros
de estos campos abiertos o sombríos,
con agradables sendas que se parten
en varias calles e ingeniosos giros.   40
A mi voz nacerán nuevas escenas,
haré venir las artes en mi auxilio,
pues con la arquitectura y la estatuaria
perfeccionar sabré los paraísos.
  Los senderos que guían nuestros pasos,   45
dibujando el jardín, deben pulirlo;
mas no traces su forma en tus planteles
hasta que estén adultos y crecidos,
que entonces es cuando la vista escoge
y puede al mejor rumbo dirigirlos.   50
¿Cuándo a algún huésped oficioso enseñas[107]
tu florido vergel, no vas tú mismo
descubriendo los golpes agradables,
evitando los puntos más mezquinos?

---

[107] En el manuscrito lacunense, «enseña».

Y, al volver de las vistas que le encantan,   55
no le reservas algún nuevo hechizo
para que, de sorpresas en sorpresas
y de cuadros en cuadros fugitivos,
dando siempre al deseo y prometiendo,
aumente su placer con diferirlo?   60
   Huye en tus planes todo aquel sistema
que la moda tomó de un gusto inicuo;
en tiempo que a la Francia alucinaron
los jardines de Italia con el brillo
de su pompa simétrica, al instante   65
todo árbol al cordel quedó sumiso;
todo se puso en línea, y en dos alas
se extendió cada calle a lo infinito.
Vino luego otro tiempo y otro gusto,
en que el pensil inglés fue prototipo   70
de una libre hermosura; desde entonces,
son todos caracoles y extravíos,
sendas tortuosas, pasadizos curvos
donde de andar errante me fatigo
y, volviendo a girar tal vez en vano,   75
tengo al alcance el término a que aspiro.
Evita estos excesos tan voltarios,
y tenga cada senda su designio,
quien unas a objetos majestuosos,
que llaman la atención de lejos vistos,   80
y otras conduzcan[108] a un paraje oculto,
que el arte misterioso velar quiso,
en cuyo caso ten también presente
que ha de ser natural el laberinto,
que este capricho precisión parezca   85

---

[108] En el manuscrito lacunense, «conducían».

y que ciertos encuentros improvisos
de árboles y de fuentes den al suelo
para aquellas revueltas el motivo.
En tal disposición todo sea fácil
pues, si detesto un gran paralelismo,   90
todavía detesto más el tramo
de un callejón que, cual dragón herido,
sin cesar se contorna en varias roscas,
efecto de un espasmo convulsivo,
cuyas undulaciones atormentan   95
los ojos y los pasos y aun el piso.
Hay recodos, hay vueltas naturales,
de que el campo te da varios indicios;
el carril que las ruedas socavaron
del errante ganado los vestigios,   100
cuando sale o retorna a la majada,
o la vereda que en el prado hizo
la pastorcilla, andando a la ventura
ocupada en sus tiernos amoríos,
de tus suaves senderos serán norma,   105
para evitar esconces y desvíos,
cuidando de que el coto adonde paran
en deleite me pague lo prolijo.
Del poeta famoso[109] imita el arte
que, cuando se permite un descarrío   110
su sabia musa, agrada este rodeo
mucho más que lo recto del camino;
es la troyana Andrómaca,[110] que llora
sobre el sepulcro de Héctor su marido;

---

[109] Homero.

[110] Esposa de Héctor, que simboliza el amor conyugal y filial frente a
la barbarie bélica.

es el gallardo Euríalo acosado   115
y defendido de su amado Niso;[111]
arte feliz que, con errores dulces,
me hace perder y recobrar el hilo,
arte que sabe divertir la marcha
con escenas alegres y que, fino   120
cuando llegamos al descanso, sabe
presentarnos objetos siempre ricos,
episodios sabrosos e incidentes
a este poema natural unidos.
Yo veo una caverna umbría y verde,   125
del fresco y del silencio amable nicho;
un lago que reflecta cielo y nubes
de óptica bella un punto peregrino;
del bosque que tu mano hizo más grato
la ramificación y el regadío,   130
lujo campestre que me dice acaso:
«haz alto aquí, no hay más hermoso sitio…»[112]
Pero luego se muda este teatro
y, en su lugar, encuentro el noble asilo

---

[111] La escena es narrada por Virgilio en el Libro IX de *La Eneida*, y trata del sacrificio en defensa mutua de estos dos guerreros cuando se introducen en las filas enemigas para avisar a Eneas del peligro rútulo. Niso y Eurialo, la pareja de troyanos ejemplo de lealtad introducida por Virgilio en este fascinante poema, escribe Merino, «completan un altar heroico que se hace canónico en el siglo XVII. De esa época es la discusión sobre la amistad que traza Robert Burton en su *Anatomía de la melancolía* y en la que quedan fijados los cinco arquetipos: Teseo-Piritoo, Orestes-Pílades, Damon-Pitias, Aquiles-Patroclo y Niso-Eurialo», con algunas variantes (Ignacio Merino, *Elogio de la amistad. Una historia de la amistad desde la antigüedad hasta nuestros días*, Barcelona, Random House Mondadori, 2006, pp. 85, 102-107).

[112] En la obra original, se lee «[…] Arrêtez; où pouvez-vous mieux être» sin cursiva (Jacques Delille, *Les jardins…*, p. 68 [canto IV, v. 112]).

de la melancolía y de la calma   135
que a contemplar convida los sentidos,
y a do el hombre, viniendo deseoso
de hablar con su interior en el retiro,
medita lo presente y lo futuro,
piensa en el bien, piensa en el mal del siglo;   140
y tal vez la memoria, repasando
de sus días el círculo finito,
se complace en rever, ¡ah!, los instantes
tan amados, tan cortos, tan concisos,
las flores por el páramo sembradas,   145
la dicha que pasó y aun el conflicto.
Guárdate de imitar los jardineros
que siempre afectan ir tras lo exquisito;
siempre frescas glorietas y enramadas,
siempre rosa, festón, boj, tejo o tillo,[113]   150
siempre templos de Flora y los amores
bella uniformidad que da fastidio.
No sigas tal ejemplo y más osado
inventa o pon contrastes cual Pusino,[114]
que en la huelga de un campo pintar supo   155
los pastores que, alegres y sencillos,
con las tiernas pastoras enlazados
danzan bajo la sombra de un olivo
y un sepulcro inmediato con el mote
En Arcadia también pastor he sido.[115]   160

---

[113] Tilo (*Ocotea fœtens*), ya mencionado.

[114] Nicolás Poussin (1594-1665), antes citado.

[115] José Luis Molinuevo, que plantea una suerte de pervivencia del Romanticismo en nuestra época y sugiere una interesante reflexión sobre la relación artística del hombre con la naturaleza, escribe: «seguimos siendo románticos, aunque es muy difícil de creer ahora que la naturaleza dominada o en todo caso trastornada sea la imagen del infinito. Quizá, más

Este cuadro que agrupa los placeres
con la nada del hombre nos ha dicho:
«mortales, daos prisa: fuegos, danzas,
y aun los pastores son un vapor tibio»,
a cuya voz el alma poco a poco   165
cambia en dulce tristeza el regocijo.
Haz otro tanto y en tu parque ameno
no receles poner urnas, lucilos
y demás monumentos de tu pena.
¿Quién no ha llorado algún gran bien perdido?   170

---

bien, de los seres finitos y escindidos que somos nosotros. El misterio silente del cuadro de Poussin *Et in Arcadia ego*, de figuras pastoriles ensimismadas ante la posible presencia, también allí, de la muerte, tiene su contrapunto en el sentimiento de la sublime disolución en lo originario de la vida que experimenta Smithson subido a un ruidoso helicóptero desde el que contempla su *Espiral: et in Utah ego*. En ambos casos, ante la naturaleza como objeto de contemplación o de intervención, hay un *ego* misterioso, figura de dudosa modernidad, indispensable en las escenas de naturaleza, pero que nos da la espalda, como los personajes de los cuadros de Friedrich. Ese personaje [...] hace de hilo conductor a través del sentimiento de lo sublime tanto en la naturaleza sensibilizadota de ideas morales como de productos de mercado». Apunta también este autor que «nuestra relación con la naturaleza ha sido con frecuencia objeto de una contemplación planificada o de una intervención que la trastorna. Y ella se venga convirtiéndose en naturaleza asesina a través del trastorno mismo [...]. Naturaleza, pues, dominada, pero capaz todavía de un poderío del que nace tanto la construcción como la destrucción. "Quizá la tierra –aventuraba Jünger- ya no necesita de nosotros". Y se rompe así toda aquella tradición humanista del macrocosmos y microcosmos, de la necesidad de una digna presencia humana para que Dios tenga un contemplador de su obra» (José Luis Molinuevo, «Entre la Tecnoilustración y el Tecnoromanticismo», en Domingo Hernández Sánchez [ed.], *Arte, cuerpo, tecnología*, Salamanca, Ediciones Universidad, 2003, pp. 35-36).

Lejos de un mundo frívolo, tu llanto,
entre fuentes parleras y entre lirios,
venga a buscar constantes compañeros,
que un alma tierna en todo ve un amigo.
¡Oh terebinto, oh tejo, oh ciprés alto,   175
protector de los manes del Estigio,[116]
tan amable es tu sombra a un triste pecho
como a los otros el laurel o el mirto!

---

[116] Esta alusión al río Estigio no figura en la obra original, donde Delille se contenta con calificar al ciprés de fiel amigo y protector de las cenizas de los difuntos (cfr. Jacques Delille, *Les jardins…*, p. 70 [canto IV, v. 155]). Tenemos aquí una personificación de un río del Hades o inframundo griego, el río Estigia. También se le llama Éstige y, en la *Teogonía* de Hesíodo, Éstige es el de más edad de los hijos de Océano y Tetis. Se le considera vástago de la Noche y del Érebo (Tinieblas). Grimal recuerda que se daba el nombre de Éstige a una fuente que se encontraba en Arcadia no lejos del pueblo de Nonacris, cerca de Féneo. Esta fuente brotaba de una roca elevada y luego se perdía bajo tierra. Sus aguas eran insalubres ya que constituían un veneno para hombres y bestias, y, además, quebraban el hierro, los metales y los cacharros de cerámica que se sumergían en ellas. También el agua del río infernal, no ya la de la fuente que se creía que afluía a aquel, pasaba por tener propiedades mágicas. Asimismo, se le identifica con un brazo del Océano, equivalente a la décima parte del río, mientras que las nueve restantes son las espiras con que el río rodea el disco de la Tierra. La cifra de nueve espiras se vuelve a encontrar en la descripción que hace Virgilio del Éstige infernal, que rodea con sus meandros el reino de los Infiernos. Chompré lo define del siguiente modo: «río del Infierno, alrededor del cual daba nueve vueltas. Cuando los dioses juraban por sus aguas, no se atrevían ya a ser perjuros, o se revocaban su juramento, quedaban privados cien años de su divinidad. También era el nombre de una deidad infernal, que presidía aquel río, y fue la que descubrió a Júpiter la conjuración de los dioses contra él, quien en recompensa de aquel buen servicio quiso que sus aguas fuesen respetadas por los habitadores del cielo, de la tierra y de los infiernos. *Ovid. Metam. lib.* 2».

Mas entiende que tales monumentos
con todo lo muy pulcro están reñidos,   180
porque ¿cómo podrán jamás aliarse
artificio y dolor, lujo y ejidos?
Retira, pues, de tu jardín las tumbas,
hijas, no del pesar, sí del capricho,
en donde yace un pájaro o un perro   185
insultando los vasos cinericios.
¿No honras de algún amigo la memoria?
Pues a lo menos que este anciano pino
cubra los labradores que agobiados
sobre el surco rebelde a tu servicio,   190
en el seno fatal de la miseria,
esperan dar el último suspiro.
No grabarás por cierto en su epitafio
grandes proezas; todo su ejercicio,
desde que llama al rústico trabajo,   195
rayando el alba el gallo matutino,
hasta que ya de noche, los rodea
la inocente familia de sus chicos
en torno de una hoguera de sarmientos,
que con las llamaradas dan chasquidos,   200
no es otro nunca que la paz y el campo.
Ellos no han hecho guerras ni armisticios;
nacer, sufrir, morir, ved ahí su historia;
mas no son sordos de su fama al ruido,
porque ¿cuál hombre, cuando deja el mundo   205
hacia la vida desde el lecho frío,[117]

---

[117] En la versión matritense: «Azia a la vida desde el lecho frío». Se trata de una metáfora de la muerte creada por Viera, para señalar un momento de la vida que el francés se limita a mencionar como «*moment du départ*» (Jacques Delille, *Les jardins…*, p. 70 [canto IV, v. 181]).

no echa una breve y dolorosa ojeada
y le consuela el que será sentido?
Para aliviar su vida honrad su muerte,
pues aquel que, a pesar del hado esquivo,   210
a su Dios, a su rey, su patria y casa
sirvió en su esfera y que grabó tan fijo
el pudor en sus hijas, bien merece
una lápida tosca, en cuyo plinto
se acuerden sus virtudes, y se lea: 215
«Aquí yace el buen padre, el buen marido».[118]
Y tú, musa, que fácil has cantado
bajo la sombra de este bosque pío,
antes de retirarte de sus ramas,
suspende tu guirnalda en sacrificio;   220
que canten otras de delicias ebrias
y que, ceñidas de apio y de narcisos,
celebren en sus versos la hermosura;
tú tente el lauro de que el primer himno
consolador, sobre el sepulcro yerto,   225
has entonado y flores esparcido.
    Pero volvamos al vergel alegre,
bajo cuyo follaje esmeraldino
me aguarda la ingeniosa arquitectura
para darle curiosos edificios.   230
No serán, no, funestos momentos,
sino glorietas que en frondosos circos
descubran perspectivas elegantes,
libres de los abusos y delirios.
No verás, no, esa confusa mezcla   235
de rotondas, pagodas y obeliscos,
con tanta variedad de bastimentos
griegos, romanos, árabes y chinos,

---

[118] Subrayado en la obra de Delille.

caos de arquitectura, sin objeto,
cuya abundancia estéril ha reunido   240
todas las cuatro partes de este mundo
en el espacio de un jardín sucinto.[119]
Aquí nada es superfluo: lo que es útil
es lo que se presenta como lindo;
y la granja, ¡la granja!, este tesoro   245

---

[119] Mosser considera *Los jardines* de Delille un tratado en verso y reproduce justamente estos versos «Destierren de los jardines todo ese cúmulo confuso / De edificios diversos desplegados por la moda, / Obelisco, rotonda y quioscos y pagoda, / Esas construcciones romanas, griegas, árabes, chinas / Caos de arquitectura sin propósito y sin elección, / Cuya profusión estérilmente fecunda / En un jardín encierra las cuatro partes del mundo», indicando que a menudo los críticos e historiadores de los siglos XIX y XX reprocharon a este tipo de jardines su abundancia simbólica y formal, y criticaron su "sincretismo confuso", y asegura que, en realidad, retomaron reflexiones ya formuladas a finales del siglo XVIII, como en los versos citados de Delille. No obstante, añade, sería falso pensar, a partir de esta cita, que Delille reniega del principio mismo de los nuevos jardines, sino que, más bien, advierte contra ciertas derivaciones de la moda. «La profusión y la diversidad del mundo se revelan en el caos, el caos es entonces su orden». Y añade Jurgis Baltrusaitis, citado por Mosser, que se trata de una reconstrucción del microcosmos en una parcela de naturaleza que contiene sus elementos y su irregularidad, desplegándose como un espectáculo pintoresco. «El génesis del jardín paisajista no es, en suma, una simple irrupción en su recinto de los campos y bosques que lo rodean. Apenas descubierta, la naturaleza queda enteramente transfigurada y transpuesta en un campo visionario y simbólico». Es a partir de entonces cuando lo pintoresco debe efectivamente ser percibido y analizado como el signo precursor de una radical transformación en la comprensión y la representación del mundo (Monique Mosser, «El arte de la cita. El jardín de la época de las Luces, entre heterotopía e hipertopía», en Claude Eveno y Gilles Clément [ed.], *El jardín planetario*, trad. Laura Masello, Montevideo, Ediciones Trilce, 2001, pp. 22-25).

recreo de su dueño, otro atavío
no pretende jamás que el que es agreste,
sin temer de la quinta algún ludibrio;
la quinta le es deudora de su fausto,
y vale más de aquella lo sencillo   250
que el lujo de esta, cuanto excede el arte
que ejerció Armida, al natural genuino
con que una virgen tímida se alegra;
¡la granja!, a cuyo nombre repetido
mieses, vergeles, pastos y ganados   255
de tropel se recuerdan a mi instinto
como bienes sin par de la edad de oro.
Esta imagen feliz que desde niño
–mi edad de oro– siempre me fue cara,
¡cuánto conmueve el tierno afecto mío!   260
Oigo el arrullo de la fiel paloma,
de la abeja oficiosa oigo el zumbido,
el cantar del pastor y la zagala,
el rumor de los carros y los trillos,
que llevan la abundancia a los pajeros   265
o limpian en la era el rubio trigo.
Adorna, sí, tu granja, mas no intentes
convertir en palacio el que es cortijo;
simple, modesta, ingenua y elegante
en todos sus aspectos y en su estilo;   270
comparada al jardín, es una granja
lo que entre los poemas un idilio.[120]
¡Ah!, por los dioses que en los campos reinan,
no des entrada al lujo en su distrito
ni transformes sus trojes y lagares,   275

---

[120] En el manuscrito lacunense, «indilio». Figura como *Ydilo* (versión matritense) e *indilo* (versión lacunense), evidentemente es idilio, «composición poética breve de tema amoroso, que idealiza la vida campestre».

deja ver los aperos y utensilios
de la vendimia y colección de granos,
la hoz, la criba, el bieldo y el rastrillo,
pues sin rubor bien pueden cortejarnos
todos los instrumentos campesinos.   280
En especial tus bestias y ganados,
con su cuadro variado y movedizo
todo lo animarán por dentro y fuera;
no es quinta yerma o estéril caserío,
es en sus cercas, techos y murallas   285
un pueblo numeroso y siempre vivo;
son aves que, en lenguaje y trato varias,
sobre teja o pizarra hacen su nido;
que, en cuerpo de nación, familia o reino,
tienen costumbres y usos muy distintos,   290
y entre las cuales sobresale el gallo,
padre, amante, galán, feliz caudillo,
rey sin rigor, sultán sin vida mole,
que en su alado serrallo siempre fino,
juntando con lo hermoso lo valiente,   295
mandando suave, acariciando altivo,
propio para el placer, la gloria y cetro,
ama, combate, triunfa y canta el víctor.
¡Qué gusto dan los juegos, las discordias,
los odios, los amores y apetitos   300
de aquestas aves! Apenas la granjera
con su canasta próvida ha salido,
cuando ya el pueblo alígero, volando
desde el más alto techo y cobertizos
se precipita al suelo todo junto   305
en forma de un ruidoso torbellino.
La tropa ansiosa al punto la rodea,
mientras algunas cuantas con ahínco

persiguen la canasta y aun la mano,
corridas siempre y siempre haciendo tiro. 310
    Aloja estas domésticas colonias
en sano y no grandioso domicilio,
pues a todas las rejas más doradas,
a pilones de mármol y granizo,
prefieren ellas, dice La Fontaine, 315
un grano solo de menudo mijo.[121]
¡Oh La Fontaine, verdadero sabio,
cantor feliz del animado instinto,
cuanto tú en estos sitios me ayudaras,
pues tanto te inspiraron estos sitios! 320
¡Aquel pavón que ufano va extendiendo
el iris con que adorna su vestido;
y el orgulloso pavo, que más necio
se pasea, se engrifa y da bufidos,
en tus pinceles qué lección nos dieran! 325
Aquí pudieras ver el aplaudido,
precioso cuadro de tus dos palomas,
de tus gallos amantes el litigio,
y repetir: Amor por ti ardió Troya.
    Tal es la granja en gozo y en bullicio, 330
mas ¿qué estruendo se escucha hacia esta parte
de un pueblo preso, dando extraños gritos?
Son animales raros de otras tierras
Que, curioso el poder, tiene cautivos.
Donde asombrada el ave está del bruto, 335
y este de aquella al verse tan vecinos.

---

[121] Alusión a la fábula titulada *Le coq et la perle*, de Jean de La Fontaine (1621-1695), que dice: «Un jour un coq détourna / une perle, qu'il donna / au beau premier lapidaire. / Je la crois fine, dit-il; / Mais le moindre grain de mil / seroit bien mieux mon affaire».

No juntes tú las más extravagantes,
sino las más vistosas, ¡qué prodigio
mirar aquellos pájaros que, oriundos
de otra región y en todo favoritos   340
del sol, miramos con cambiantes luces
en la pintada el esmaltado rizo;
en el faisán el oro purpurado,
que vuelve la oropéndola amarillo!
Habiten, pues, casernas ostentosas,   345
pájaros que son lujo por sí mismos
y, empatando lo inútil con lo bello,
compita con su pluma su escondrijo.
Sin embargo, no expongas a mis ojos
animal que se irrita de sus grillos,   350
porque ¿cómo la reina de los aires,
que maneja los rayos y tronidos,
ha de olvidar en una estrecha jaula
su vuelo fiero, su mirar altivo?
En tanto que los ojos se divierten   355
el olfato me llama al municipio,
donde mil vegetales expatriados
hallan entre vidrieras dulce exilio.
Templa[122] el ambiente de estas tiernas plantas
Y, si venciste el clima, sé benigno   360
con la estación y no las pidas, duro,
en el invierno el fruto[123] del estío.
¡Qué deleite mirar entre cristales
tanta región en tantos arbolillos!
El jazmín de las Iberia calorosa,   365
la pervinca, que olvida patria y frío,

---

[122] «Tiempla» en la versión matritense.
[123] En la versión matritense se repite «el fruto».

y el fragante ananás, que da su fruto
por un falso fomento seducido!
Ni solo para plantas y animales
debes colocar bien estos hospicios,   370
sino también, por elección y gusto,
exigir otros con feliz designio.
Bajo los sauces que este arroyo lame,
yo haré unos baños solos, largos, limpios,
y pondré en una tienda más remota   375
redes de pescadores y cañizos.
En aquel bosque silencioso y grave,
consagraré a las musas un asilo
y, allá donde remata aquel paseo,
una aguja de piedra, en ella escrito: 380
A los héroes que han muerto por la patria,
dignos de todo honor, fuertes marinos.[124]
De esta manera no estarán ociosos
cenadores, glorietas ni garitos
y, acomodados al lugar que ocupan   385
en figura, grandor y frontispicios,
la perspectiva, obrando en nuestros ojos,
no verá sus efectos confundidos.
Observa el distintivo de las cosas:
el abandono, soledad y olvido   390
se pinta en un paraje retirado,
donde aparece un pequeñuelo aprisco.
No dejes una ermita a la luz clara,
ni un templo en selva rústica escondido,
sino más bien sobre una verde loma   395
con cuyos aires suaves y proficuos,

---

[124] Delille se contentó con escribir: «*A nos braves marins, mourans pour la patrie*» (Jacques Delille, *Les jardins…*, p. 76 [canto IV, v. 340]).

majestad, lustre, vida y movimiento
reciba el campo y el vergel contiguo.
¡Pero qué! ¿Por ventura vale tanto
lo juvenil, lo fresco, lo bruñido   400
de las obras modernas, como valen
las caducas reliquias de lo antiguo?
Las ruinas de estos cuerpos trastornados,
la forma pintoresca de sus ripios
señalan en la tierra que habitamos   405
el curso de los años y los siglos.
Por diluvios, por guerras, por volcanes,
casi desbaratados y derruidos,
instruyen siempre, alguna vez consuelan
y enseñan a ceder al hado inicuo.   410
Tal en un tiempo la infeliz Cartago,
sobre el escombro de sus muros, vidó
al desgraciado Mario,[125] ruinas ambas
que hallaban al mirarse, algún alivio.
      Une, pues, estos restos venerables   415
al buen jardín; y tú que, con tu ritmo,
lo conduces[126] por sendas no trilladas,
¡oh poesía!, amable –en el estilo
hermana fiel de la pintura– llega,

---

[125] El cónsul Cayo Mario (h. 157-86 a. C.). Proscrito por Sila, escriben
Dureau de la Malle y Yanoski, «se salvó en el África y descendió a Cartago.
Apenas había tomado tierra, cuando un lictor fue a su encuentro y le dijo:
"El pretor Sextilio te prohíbe, oh Mario, entrar en África. Si no obedeces
sus órdenes, pondrá en ejecución, contra ti, el decreto del Senado que te
condena como enemigo del pueblo romano". — "Di al pretor, respondió
el ilustre proscrito, que has visto a Mario sentado sobre las ruinas de Cartago» (Dureau de la Malle y J. Yanoski, *Historia de la ciudad de Cartago, desde
su fundación hasta la invasión de los vándalos en el África*, trad. y aum. Vicente
Diez Canseco, Madrid, Sociedad Literaria, 1845, p. 280).

[126] En el manuscrito lacunense, «conduce».

remoza la vejez de estos residuos   420
y presenta al curioso las escenas
que con trémulo pulso la edad hizo.
Ya una capilla de sagrado aspecto,
donde en tiempos pasados con fiel rito
las doncellas, los jóvenes y ancianos,   425
sobre un rústico altar, del ser divino
invocaban devotos la clemencia
en favor de sembrados y plantíos;
ya un viejo alcázar, que de un alto cerro,
tirano del vasallo y del distrito,   430
empinando a las nubes sus almenas
en tiempos de barbarie y desafíos,
vio los golpes de lanza y las proezas
de valientes Bayardos y de Enricos;[127]
ya la caduca y triste arquitectura   435
que, entre el verdor de almeces y de alisos,
conserva los torreones derrotados,
en donde el ave forma en paz su nido;
ya el rebaño que puebla el marcial foso;
ya el chicuelo que juega en aquel circo   440
donde ardientes sus padres combatieron.
Todos estos objetos tienen visos
de una contrariedad tan agradable
que, si sabes sacar de ellos partido,
nos darás ingenioso un cuadro bello,   445
campesino y marcial, fiero y tranquilo.

---

[127] En el poema original, leemos: «nos preux chevaliers, des Baïards, des Henris» (Jacques Delille, *Les jardins*…, p. 78 [canto IV, v. 389]). Con la palabra «Baïards» se recuerda a los caballeros valientes tales como Pierre Terrail de Bayard (1476?-1524), que pasó a la historia como «preux chevalier Bayard». La segunda parte del verso debe de referirse a uno o varios reyes que llevaron el nombre de Enrique, quizás Enrique III y Enrique IV.

También descubro ahora entre malezas
una abadía: ¡Oh! ¡Que silencio! Admiro
este desierto, como el centro amado
de la meditación; veo el recinto,   450
en donde algunas vírgenes austeras,
pálidas como lámparas sin brillo,
ya velaban, ya oraban y ya ardiendo,
se consumían por su Dios propicio.
¡Cómo el recogimiento y la inocencia   455
parecen todavía en este asilo!
Las paredes con musgo,[128] el campanario,
de la clausura el lóbrego circuito,
las gradas del altar medio gastadas,
la nave oscura, el polvo de los vidrios,   460
todo nos habla, todo nos conmueve
y, si tal vez de humor meditativo,
al declinar una toldada tarde
fueres allá, creerás haber oído
la sombra de Eloísa que, bañada   465
en triste llanto, exhala algún suspiro.[129]

---

[128] «Musco» en la versión matritense.

[129] Pedro Abelardo y Eloísa. «Antes de apartarnos de estos escolásticos no puedo menos que hablar de Pedro Abelardo, a quien siguió una inmensa copia de discípulos, hasta llegar a dar lecciones en París, y ser mirado casi como un oráculo cuando se trataba de los asuntos más difíciles y espinosos. Hoy día es más conocido por su infeliz amor a la famosa Eloísa su discípula, su amiga y después su mujer. Ha sido muy celebrado su talento e instrucción, y su correspondencia literaria, que es curiosísima, existe todavía. Los principios religiosos de su siglo les impulsaron a acabar sus días en el retiro de dos conventos. Cuando Abelardo murió, que fue hacia el año de 1142, su cadáver fue presentado a Eloisa, que lo depositó en el convento del Paracleto, de que era Abadesa». Sobre Eloísa (Heloisa) se dice que «reunía la mayor hermosura y gracias con los más raros talentos; sabía la Filosofía con el griego, hebreo y latín; era de edad de 18 años, la más sabia

De aquestas ruinas pías o profanas,
haz por aprovecharte; mas te pido
destierres otras ruinas simuladas
del tiempo inimitables desperdicios.   470
Esos templos antiguos ayer hechos,
esos restos de un fuerte que no ha habido,
esa gótica torre y ese puente
con aire roto, mas sin aire antiguo.
Tan inútil y torpe estratagema   475
nos acuerda los gestos de aquel niño
que, fingiéndose viejo y arrugado,
pierde lo juvenil sin conseguirlo.
Por el contrario, una antigualla cierta,
interesa los ojos; yo me finjo   480
de mis buenos abuelos coetáneo,
les pregunto, responden y me río,
al oírles contar tantas historias
de tiempos y de pueblos conocidos,
que cuanto más famosos y lejanos,   485
tanto más interesan sus vestigios.
    ¡Oh campiñas de Roma y de la Italia,
donde con presunción yace rendido
de la nada del hombre el vasto orgullo!
¡Cuántas ruinas de nombres aplaudidos!   490
¡Cuántas grandes memorias y lecciones!
¡Qué teatro de aspectos y de pisos
nos ofrecéis! Ved cómo el curso sordo

---

de su sexo. Se asegura se la dio el nombre de *Eloisa* por la extensión de sus luces, y porque era justamente celebrada como un prodigio de ingenio y de belleza. Si se apetecen más noticias de esta heroína y de Abelardo, véase al erudito *Padre Maestro Feijoo*» (Manuel Antonio del Campo y Rivas, trad. y anot., *Historia literaria de la Edad Media: traducida del francés al castellano*, Madrid, Imprenta Real, 1791, pp. 183-184).

de las edades, con labor continuo,
despedazando siempre y esparciendo 495
de mil preciosas obras los resquicios,
echando un templo encima de otro templo
sobre un sepulcro, otro sepulcro frío,
de Roma ostenta el inmortal destrozo
en los arcos, los pórticos y frisos, 500
cuyos mármoles fieles conservando
de un pueblo rey los hechos infinitos,
con mole indestructible ha conservado
la activa lentitud del tiempo mismo.
Los altos acueductos que en el aire 505
llevaban murmurando tantos ríos;
las puertas por do entraron tantas veces
los despojos del mundo sometido;
los teatros, las termas, los palacios
de los emperadores más invictos, 510
todo es ya polvo, mientras dura el eco
de Marones, [130] de Horacios y de Ovidios.
¡Oh dichoso, cien veces muy dichoso
el jardinero diestro que ha podido
aprovechar estas reliquias bellas 515
que la mano del tiempo ha demolido!
Allí sobre la pompa del romano
cobra naturaleza su dominio
y, en donde vencedor de tantos reyes
ostentaba Pompeyo el poderío, 520
resuena del pastor el dulce albogue,
saluda al campo el labrador sencillo,
sobre montes de escombros deleznables
trepa la cabra, salta el cabritillo,
la soberbia columna está entre zarzas, 525

---

[130] Virgilio.

yace bajo la hierba el obelisco,
las malezas, las matas, los arbustos
suben en tallos, bajan en racimos
y, sembradas al soplo de los vientos
las higueras, sicómoros y olivos,   530
acaban de destruir con sus raigones
las obras de Octavianos y de Titos.
La dócil vid, la hiedra de cien manos
forman sobre estas ruinas verdes tirsos
para ocultar la ancianidad preciosa   535
o hermosearla en su fatal deliquio.[131]
    ¿Careces tú de tales monumentos?
Pues el bronce animado, el mármol vivo
–dioses de otras edades adorados,
en quienes solo el arte fue divino–   540
te quedan a lo menos; sé que el gusto
desterrar del jardín severo quiso
estas deidades griegas y romanas;
mas, ¡ah!, ¿por qué? Muy desde los principios
¿no conoció nuestra niñez risueña   545
de Atenas y de Roma los prestigios?
¿No eran aquellos dioses labradores?
¿Pastores no eran? Sin el dulce auxilio
de Pomona,[132] el vergel brotaría frutos?
¿Podría sin Flora haber mayo florido?   550
Sí, sí, estos dioses todavía agradan,
y el culto de los artes exquisitos
idolátrico es siempre; pero en todo
será el arte cabal y peregrino,
para que en los jardines no se encuentren   555
diosas sin pulcritud, dioses sin brío,

---

[131] En la versión matritense «deliquo».
[132] Diosa de las frutas y de los jardines, tal como escribe Chompré.

tenga su lugar propio cada estatua,
no usurpe un dios al otro su distrito;
deja a Pan en el bosque ¿y por qué en seco
tritones con dríades se han unido? 560
¿Para qué está sobre un pilón sediento,
coronado de juncias aquel Nilo?[133]
Quítame[134] de delante esos leones,
de cuya sola imagen me horrorizo.
Y esos césares tristes, aun más monstruos 565
que, ajados de sospechas y delitos,
parece todavía que señalan
víctimas a su insano despotismo.
¿Con qué título están entre las flores?
Muéstranos, sí, mortales más benignos, 570
dignos de nuestro amor, y que sus sombras
aquí descansen como en los Elíseos.
Un poco lejos del profano vulgo,
entre espesos laureles y lentiscos,
danos a ver sus nobles simulacros 575
en mármoles de Paros esculpidos
y que bañando un arroyuelo lento
el suelo del umbroso bosquecillo,
con claridad más dulce y mitigada,
Diana parezca el astro de aquel sitio. 580
Su tranquila hermosura, el verde toldo
de las blancas estatuas, lo pulido,
la simple majestad, la augusta calma,
el raudal silencioso que en sus giros,
imagen del Leteo, al pecho humano 585
da a beber de la pena el suave olvido;

---

[133] Chompré lo define como río célebre de Egipto, «a quien ofrecían sacrificios como si fuera un dios».

[134] En el manuscrito lacunense, «quitadme».

esta luz desmayada que penetra
por la densa arboleda en varios hilos
todo respira paz, todo recuerda
de los manes felices el Olimpo.   590
Pero no des lugar a los que fueron
héroes conquistadores por oficio
pues, como perturbaron todo el orbe,
también perturbarán este retiro.
Entren tan solo en él esos mortales,   595
de hombres y dioses plácidos amigos,
esos que vivirán en la memoria
por sus incomparables beneficios,
esos reyes sin par de cuyas glorias
sus vasallos jamás se han afligido;   600
muéstrame a Fénelon,[135] muéstrame a Sully
levantado del suelo por Enrico.[136]

---

[135] François de Salignac de la Mothe, más conocido por François Fénelon (1651-1715), autor de *Aventuras de Telémaco*, conocido como precursor del discurso a favor del progreso de la agricultura (Gilles Denis, «Agriculture, esprit du temps et mouvement des Lumières», *Histoire & Sociétés Rurales*, vol. 48, no. 2, 2017, pp. 104-105).

[136] Maximilien de Béthune, duque de Sully (1560-1641), par de Francia, militar y ministro francés hugonote de Enrique IV, rey de Francia y de Navarra. Realizó una extraordinaria labor político-administrativa, gozó siempre del apoyo del monarca y fue protector de los bosques y de la agricultura. Como ha escrito Rivera García, la leyenda del fiel Sully se construye sobre una base histórica. «La principal razón —escribe este autor— de que Sully fuera elevado a modelo de buen privado en el siglo XVIII se debe al pragmatismo y prudencia de su ministerio, a que, lejos de la actitud de un calvinista intransigente, supiera conciliar religión y fidelidad al rey. Ya en el siglo anterior podemos encontrar algunos testimonios que le atribuyen un comportamiento propio de los *politiques*. Incluso en una sátira parisina se le llegaba a atribuir la paternidad del célebre "París bien vale una misa". En el siglo ilustrado, como podemos leer en

Denme ya flores, dénmelas, que quiero
cubrir aquellos sabios y eruditos
que, con útil destierro de la patria,   605
por riberas remotas han corrido
buscando o repartiendo los inventos
consoladores del humano hastío.
En especial a ti, Cook esforzado,[137]
que de todos amado has conseguido   610
unir Francia y Albión para llorarte;
a ti que, en esos climas, donde el ruido
del marcial rayo solo nos mostraba,

---

los textos de Voltaire o del marqués d'Argenson, aquella neutralidad *politique* se transforma en elogio de la moderación religiosa de un calvinista que nunca adoptó los rasgos de un fanático o de un rebelde. Esta concepción *politique* es también la causa última de que el rey y su privado acabaran convirtiéndose ... en modelo de monarquía *ilustrada* o de una monarquía gobernada como una república». Añade también Rivera García en su interesante ensayo, que «desde el siglo XVIII, Sully ha sido para los franceses la encarnación del *bon sens*. El pragmatismo y prudencia con el que se describe su ministerio ha favorecido la utilización de su figura para defender causas muy diversas: tolerancia, monarquía, democracia, libre circulación de los granos, vuelta de los señores al campo, etc. Se ha convertido asimismo, como indica Avezou, en un héroe del consenso, cuya leyenda siempre resurge para defender la concordia entre los franceses. La pareja antinómica que forma el seductor rey y el austero ministro, por lo demás tan distinta al antipático dúo formado por Luis XIII y Richelieu, sirve para probar que una gran obra, el nacimiento de la nación, puede resultar de conciliar espíritus y caracteres muy diferentes» (Antonio Rivera García, «El legendario *Gran Proyecto* de Enrique IV y Sully: soberanía y confederación europea», *Res publica*, 24, 2010, pp. 95-119, los textos citados en pp. 97-98).

[137] [N. A.]: Son harto notorios los viajes instructivos del célebre y malogrado Cook, capitán inglés.

introducías Triptolemo[138] activo,
el caballo, la oveja, el cerdo, el toro,   615
el arado feliz para el cultivo;
y, expiando[139] las furias europeas,
al llegar tus navíos a estos indios,
la paz les anunciabas, y mil bienes
al zarpar les dejaban tus navíos.   620
Recibe de un francés este tributo;
¿qué supone el país para el cariño?

---

[138] Tal como se indicó en el tomo intitulado *Homenaje a Carlos III* de estas *Obras completas de Viera y Clavijo*, *Mystagogo* responde a una pregunta de *Paleophilo* acerca del joven que figuraba sentado en un carro, junto a unas serpientes aladas: «Es Triptolemo, a quien Ceres dio su carro, fue hijo de cierto varón y príncipe Eleusio (otros le llaman Cereo), y se dice que le educó Ceres. Con esta ocasión Ceres buscaba por mar y tierra a Proserpina, y del camino se fue al lugar de Eleusio, éste la dio hospedaje y en agradecimiento del beneficio, le recibió a su hijo, que aún era tierno, para criarle: dábale de día su celestial y divina leche, pero de noche le cubría con fuego. El niño en pocos días dio a entender que la educación era más que humana, creciendo con más prontitud y felicidad de lo acostumbrado». Más tarde envió a Triptolemo, «que ves aquí puesto en su carro, por todo el Mundo, para que enseñase a los hombres el uso del pan» y él lo ejecutó con acierto, y «se adquirió el nombre de Triptolemo,..., de trillar la cebada». Ovidio describe este trozo del mito de la siguiente manera: «Dos culebras, que al freno obedecían, / al carro la fecunda diosa aplica: / por los aires se parte y le remite / a Triptolemo, que en Tritonia habita: / Ordénale que parte en tierra nueva, / parte en la no labrada, algunos días / esparza de sus sutiles semillas» (Francisco Pomey, *Panteón mytico, o historia fabulosa de los dioses*, trad. de Lorenzo Díaz de la Madrid, Madrid, Ibarra, 1764, pp. 355-357). Ovidio, cuando sueña con regresar a su patria desde el Ponto, escribe en la elegía viii que traduce Suárez de Figueroa: «Ahora quisiera yo subir en el carro de Triptolemo, aquel que / En una ocasión llevó la tosca semilla a las ignotas regiones» (Ignacio Suárez de Figueroa, *Comento de P. Ovidio Nason a los libros de Tristes y Ponto*, Madrid, Viuda de Francisco del Hierro, 1733, p. 103).

[139] En la versión lacunense se lee «espiando».

Si por su humanidad, por sus virtudes,
es Cook mi compatriota y yo convido
a que imitemos nuestro rey amado,   625
que de ser también suyo es rey tan digno.
Mas ¿de qué le sirvió que por dos veces
en su navegación hubiese visto
mares de hielo, cielos como bronce?
¿Que en piélagos cuajados de peligros   630
tan solo su bajel fuese sagrado
y de pueblos y vientos atendido?
¿Que por él solo la fatal Belona
suspendiese los cortes de sus filos,
si el amigo del mundo, ¡ah!, muere, presa   635
de unos salvajes, que llamó sus hijos?
Vosotros, oh bretones, que animosos
sentís de Cook el trágico exterminio,
imitad su ambición, ¿por qué en esclavos
convertís los que libres han nacido?[140]   640
¿Por qué no les hacéis grandes favores
en lugar de forjarles duros grillos?
Ved la Victoria augusta que laureada
por mano del francés en vuestro alivio
solicita la paz… ¡Oh, paz amable,   645
tan deseada, baja del empíreo,
desciende a nuestra voz, y tu presencia
adorne, en fin, el bello paraíso

---

[140] [N. A.]: Alusión a la guerra de Inglaterra contra sus colonias americanas.

que he[141] celebrado con mi ronco plectro,
haz un pueblo de cien pueblos distintos,   650
restituye a los campos la abundancia,
el comercio a los mares y a los ríos,
mejor vida a las artes liberales,
a ambos mundos la calma y equilibrio!

FIN

---

[141] «El», por error, en la versión matritense.

El hombre en los campos
O Las Geórgicas de Jacob Delille

Advertencia del traductor

Cuando tuve el singular gusto de pasar por la vista, un año después de impreso en Estrasburgo, este poema del *Hombre en los campos o Geórgicas de Jacob Delille*, se halló mi ánimo como sin arbitrio para resistir a la placentera tentación de emprender su traducción en verso castellano. Los motivos que me invitaban a ella eran poderosos. Yo había traducido, en 1790, el otro bello poema suyo de LOS JARDINES; había conocido, doce años antes en París, al célebre autor, y allí empecé también a traducir sus famosas *Geórgicas francesas* de Virgilio,[1] bien que distraído en este trabajo, lo que adelanté fue muy poco. Yo me sentía agitado de las emociones que excitaban naturalmente en mi corazón unos frescos y deliciosos cuadros de la Naturaleza, cuyas multiplicadas escenas siempre han sido, para mi estudio, tan interesantes como atractivas. Ocupábame a la sazón en la formación de un Índice General Alfabético de los tres reinos de la Historia Natural de las Canarias. Estaba casi con el pie en el estribo para pasar, en los primeros días de otoño, a uno de los más alegres campos de estas Islas, y a

---

[1] Publio Virgilio Marón (70-19 a. C.).

una de las quintas más elegantes de un caro amigo, que debía acompañarme en esta recreación, así como me ha acompañado siempre en el amor a las apacibles ocupaciones de la vida campestre; y este poema era uno de los libros que habían de ser de la partida. Y, sobre todo, yo era deudor del conocimiento y la posesión de tan preciosa obra al favor de otro ilustre amigo mío de Tenerife, que adornado de sensibilidad, de gusto, de instrucción y de las prendas más amables, quizá no había querido lisonjear mi curiosidad con ella, sino con la esperanza de que mi afecto al poeta y mi inclinación a este género de versiones añadirían un nuevo servicio al idioma patrio y a su literatura.

Con efecto, luego que tuve comodidad, emprendí la presente traducción, apropiándome, en cierto modo, la obra original, para usar de ella con aquella juiciosa libertad que es indispensable, si se quiere que una poesía francesa salga en español más fluida, más concisa y, en algunas cosas, más perfecta, lo que nace de la distinta clase de versificación y del carácter de su sintaxis.

Pero ¿en qué idioma, sea el que se fuere, no habrá de interesar —como dice el autor— este suave y brillante empleo de las riquezas de las estaciones, y aquella prodigiosa fecundidad de la Tierra, que recrea la soledad virtuosa, que divierte la vejez desengañada, que presenta las bellezas agrestes con colores graciosos y felices combinaciones, mudando en pinturas risueñas las escenas de la Naturaleza, aun las más salvajes y sin aliño?

Está dividido este poema en cuatro cantos. En el primero se nos delinea un sabio que, con sentidos más perspicaces y con ojos más ejercitados que los del vulgo, recorre las innumerables decoraciones campesinas y, multiplicando con sus sensaciones sus gozos, sabe hacerse dichoso en su granja.

En el segundo canto se pintan las diversiones útiles del labrador, no ya en la agricultura ordinaria, sino en la maravillosa, cual es aquella que no se contenta solo con sembrar y coger, sino que triunfa de los obstáculos, perfecciona las producciones indígenas, connaturaliza las extranjeras y recorre los campos, ya como una diosa que va sembrando beneficios, ya como una hechicera que pone en ejecución los encantos.

El tercer canto está consagrado al observador naturalista, el cual llena de interés sus mismos paseos y sus viajes, de rarezas su habitación, de ocupación sus ocios y se forma un gabinete selecto de Historia Natural.

En fin, el cuarto canto enseña cómo el poeta debe celebrar los campos y sus fenómenos en versos dignos de la Naturaleza, y aquí es donde se ha esforzado el autor a caracterizar con su pluma los más halagüeños y pomposos rasgos que ella nos presenta.

Como el señor Delille introduce en su poema algunos puntos que le eran demasiado personales o relativos a juegos, individuos y acontecimientos políticos de su país, en los cuales tenemos acá poquísimo interés, creí deber tomar el partido de omitirlos, bien seguro de que el lector no hará por eso ninguna pérdida sustancial.

Y como en las notas eruditas que componen casi la mitad del volumen se advierte también cierto lujo y superabundancia de especies, consultando yo siempre con mi amor a la sobriedad en todas las cosas, no he trasuntado más que aquellas que me han parecido más instructivas y más raras.

Canto I

Con grata voz pudo en un tiempo Horacio[2]
leyes dictar al Arte de los versos;
pudo Virgilio hacer, con sus lecciones,
que el campo dócil diese frutos nuevos.
¿Y se podrá enseñar también el modo   5
de gozar? ¿Y gozar de un campo ameno?
Creo que no; así mis simples cantos,
procurando evitar el tono austero,
vienen solo a ofrecer la imagen dulce
de la Naturaleza, conociendo   10
que quien aprende a verla aprende a amarla.

---

[2] Delille empieza su poema con estos primeros versos: «Boileau jadis a
pu, d'une imposante voix, / dicter de l'art des vers les rigoureuses lois». En
su traducción, Viera sustituye a Boileau, alias Boileau-Despréaux (1636-
1711), poeta y crítico literario, miembro de la Academia francesa, por
Horacio, privilegiando las referencias clásicas. Se refiere a Quinto Horacio
Flaco (65-8 a. C.), el principal poeta lírico y satírico en lengua latina.

Vosotros mismos inspiradme el metro,
sitios hermosos, plácidos asilos,
en donde el corazón puro, contento
del íntimo placer, con que se embriaga,   15
jamás llega a tener remordimientos;
sabe amar la virtud quien ama al campo,
y es este bien asunto de mi plectro.
Saborean muy pocos sus delicias,
no bastan los sentidos, si en el pecho   20
de gustos inocentes y loables
no aciertan a nacer los sentimientos.
¡Oh vosotros, los que salís al campo[3]
en busca de la dicha y del recreo,
a los faunos[4] y dríades[5] del soto   25
no ofrezcáis sino un puro y suave incienso!
¡Qué hechizos hallaréis, si vuestros ojos
saben mirar y discernir lo bueno,
mientras el hombre agreste no distingue
el sitio, la estación, la hora ni el tiempo!   30
Todo interesa al sabio, ya las gracias
con que empieza a hermosearse algún objeto,
ya los mismos desmayos con que corre
a desaparecer del universo,

---

[3] Delille dedica una serie de versos en los que opone el campo y la ciudad, con varias alusiones a la vida mundana en París, que desaparecen en la traducción de Viera. Cfr. Jacques Delille, L'homme des champs…, pp. 34-37 (vv. 26-106).

[4] Deidades silvestres romanas, cuyo nombre deriva de Fauno y que, igual que los silvanos, habitan los bosques. Equivalen a los sátiros de los griegos.

[5] También Dríadas, ninfas que presidían bosques y selvas. En la mitología griega son las ninfas de los robles en particular y de los árboles en sentido amplio. Se las relaciona con el Árbol-Jardín de las Hespérides como protectoras de las manzanas de oro.

pues vuela el corazón, con ansia amable,   35
tras el placer, producto de un momento,
¡Y quiere detenerlo, al paso que huye!
Diviértele la Aurora[6] y el Lucero,
cuando van desplegando, con el día,
de las flores la gala y el aliento.   40
Diviértele la tarde, cuando deja
el astro de la luz este hemisferio,
y el horizonte lánguido se tiñe,
con triste susto, de un rubor modesto;
de aquel primero cuadro enamorado,   45
aun en combates, nos pintaba Homero
con sus dedos de rosas a la Aurora,
abriéndole el oriente al rubio Febo;[7]
y del segundo el buen Lorrain[8] preciado,
retrato fiel, con sus pinceles bellos,   50
los últimos instantes y arreboles
de un claro día al expirar sereno.
De las cuatro estaciones las mudanzas
estudios son que no interesan menos;
tiene el año su aurora como el día;   55
¡Triste de aquel que pierde este embeleso!
No se deleita tanto en frescas flores
la nueva mariposa que, saliendo
con iguales matices de su tumba,
las va libando en su indeciso vuelo,   60

---

[6] Hija de Titán y de la Tierra, preside el nacimiento del día.

[7] Febo o Apolo, es decir, el sol.

[8] Claude Gellée, conocido por Claude Lorrain o Claudio de Lorena (en español), Lorena, 1600-Roma, 1682. Pintor francés establecido en Italia. Clasicista. Sus panorámicas bucólico-pastoriles y, en general, su dominio del paisaje y de la luz le dieron fama universal.

como en la primavera se solaza
lleno de admiración el sabio y cuerdo.
Entonces adiós libros, porque él halla
de la Naturaleza el libro abierto.
Mas, si estos bellos días nos alegran   65
como primicias de un benigno tiempo,
también los días, cuando van menguando,
tienen no sé qué mérito halagüeño.
Del bosque ya las macilentas hojas,
del sol los tibios, pálidos reflejos,   70
en la suave tristeza que ocasionan,
percibe el alma un interés muy tierno.
Vemos la primavera con el gusto
con que al amigo que lloramos muerto;
y al triste otoño, como cuando damos   75
adioses al amigo, ya dispuesto
a emprender una ausencia dilatada,
y nos aprovechamos con anhelo
de las últimas horas de su trato,
allando en tal pesar ese consuelo.   80
       Perdona tú, ¡oh estío majestuoso,
si he dejado tus gracias en silencio!
Admiro tu esplendor, pero me asusta
tu genio vivo, y solo te agradezco
aquellos días que, en templadas auras   85
de otoño y primavera, son remedo.
Mas, ¡ah!, ¿qué digo yo? No, si tus días
fatigan con su ardor, llegan tras ellos
tus hechiceras venturosas noches,
que prestan a la tierra el refrigerio.   90
Entonces nuestros ojos, descansando
de la pompa del sol, ven en el cielo
a su modesta hermana que reviste,
con su argentada luz, al llano extenso,

al hondo seno del oscuro valle   95
y frente erguida del montuoso cerro,
filtrándose por ramas de los robles,
temblando sobre el agua en movimiento.
    Cargado de estos gozos del verano,
a la villa retorno en el invierno;   100
mas, si quedo en el campo y soy testigo
de otras escenas de infinito precio:
de la nieve que cubre todo el campo,
de los pendientes témpanos de hielo,
de la escarcha que alfombra los ejidos,   105
del humo azul que sale por los techos.
¡Y qué gusto no da cuando se asoma
con limpio sol un día placentero!
Él se parece a la sonrisa amable
de una joven llorosa, pues es cierto   110
que la triste campiña por un rato
recobra su hermosura, y vale menos
de mayo el mejor día que este rayo
de luz consoladora que da enero.
¿Y si encuentra mi vista en una loma   115
un resto de verdor? ¡Ah! Cómo siento
dulces memorias, dulces esperanzas
y, en medio de los fríos, prendas tengo
del buen tiempo que traigo a la memoria
y del buen tiempo que con ansia espero.   120
¿El cielo se encapota? En una sala
con buena compañía, junto al fuego,
sabré abreviar las largas prima-noches
con varios divertidos pasatiempos.
Así, no es el invierno un dios ceñudo   125
de la tristeza amante, es un buen viejo
que se conserva alegre todavía
y cuyas canas no ocasionan tedio.

Mas, cuando lucen ya los largos días,
los placeres son vivos, son inquietos;   130
se abandonan las cartas mal pintadas
y se dejan los dados y tableros
a los que en la ciudad, fatuos, adustos,
en la ociosa tarea de los juegos,
pretenden divertir con la avaricia   135
su infeliz mal humor y aburrimiento.
De ellos huyamos, ya los aires puros,
las claras aguas, y los bosques densos
nos convidan a nobles diversiones
con traíllas, con redes, con anzuelos.   140
   Musa silvestre, compañera vaga
de ninfas,[9] de silvanos[10] y nereos,[11]
¡Ea desciende!, ven a conducirme
por tus gratas moradas y senderos,
puesto que el espectáculo del campo   145
fue el que inspiró, sin duda, el primer verso.
Bajo la espesa copa de estos sauces,
donde se alojan con feliz acuerdo,
en las siestas de días calorosos,
la fría sombra y el arroyo fresco,   150
se aposta el pescador, paciente, mudo,
su liña arroja al agua, mira atento,
inclinado e inmóvil, la onda pura,
y palpita de gozo al ver de lejos
hundirse el corcho, vacilar la caña…   155

---

[9] Diosas, hijas del Océano y Tetis, o de Nereo y Doris.

[10] Silvano es el dios de los bosques, y por extensión se llaman *silvanos* los dioses campestres.

[11] Nereo es un dios marino, hijo del Océano y de Tetis. Casó con su hermana Doris y tuvo cincuenta hijas, las Nereidas o Ninfas del mar.

¿Y qué imprudente pez, mordiendo el cebo,
en la trampa cayó y está colgado
del anzuelo fatal? ¿Será, en efecto,
él ágil trucha? ¿La dorada carpa?
¿La perca, orlada de color bermejo?   160
¿O la anguila sagaz, que se desliza
por el cristal, formando largos cercos?
   Mas, si a los moradores de los aires
la guerra se hace, el cazador experto
toma en sus manos el terrible tubo,   165
imagen del nublado ceniciento,
levántalo a nivel del ojo osado,
que lo conduce, emplea el golpe fiero;
el relámpago brilla; parte el rayo;
óyese al punto el formidable trueno...   170
¿Y quién víctima fue del cruel granizo,
esmaltando con sangre el verde suelo?
¿Fue la tórtola fiel y gemebunda
o fuiste acaso tú, joven jilguero,
que has muerto, junto al nido de tu amada,   175
sin poder poner fin a tus gorjeos?
Victoria inútil, triunfo poco honroso
de un inocente pájaro indefenso.
¡Ah, musa mía! Con voz tierna implora
la piedad a favor de estos pequeños,   180
dulces cantores de la selva opaca,
y no consagres al morir funesto
sino los animales que, dañinos
a rebaños y mieses, merecieron
ser la digna conquista de un combate   185
en que pueda campear nuestro denuedo.
   Ya del cuerno de caza estrepitoso
oigo el clamor, que se repite en ecos;
el fogoso caballo, conmovido,

agita la pezuña, tasca el freno   190
y, al rumor del asalto que amenaza,
atónito, temblando, duda el ciervo,
si habrá de huir o deberá hacer rostro,
si usará de sus pies, siempre ligeros,
o si contra los bravos cazadores   195
presentará sus enramados cuernos…
Dura un rato la duda mas, al cabo,
puede más que el valor su justo miedo,
y parte, corre, vuela y en un punto
lejos está del bosque y de los perros.   200
Tras él se arroja el rápido caballo
con el jinete que, inclinando el cuerpo
sobre las crines, atraviesa el parque,
roza los surcos y de polvo seco
levanta un torbellino que lo encubre.   205
Igualmente persiguen los sabuesos
al ciervo fugitivo por la pista
de los efluvios que les trae el viento.
   Viéndose ya apurado, solicita,
depuestos ciertos modos altaneros   210
con que reinó en el soto, algún amigo
que defienda su vida; él va corriendo
por las vastas florestas, que le traen
caras memorias, dulces pensamientos,
de cuando en ellas disfrutó dichoso   215
del placer, del honor y del imperio,
y de cuando las rocas repetían
sus bramidos de amor y vencimiento.
En vano un ciervo, mozo temerario,
en lugar suyo se presenta al duelo;   220
por el olfato el perro lo distingue
y, siguiendo al mayor, lo da al desprecio.
Aquel, como una flecha disparada,

va dando saltos, sube, baja en cercos,
cruza el camino a fin que de su rumbo   225
no pueda nadie hallar vestigio cierto.
Alguna vez se para... mira... escucha...,
vuelve a correr, y ya el cercano estruendo
el ánimo le postra, llega al río,
deja la tierra infiel, se arroja dentro...,   230
mas el triste no muda de fortuna,
por más que haya mudado de elemento.
   Los mastines sudados lo persiguen,
sin que beban el agua, pues sedientos
solo están de la sangre del venado   235
que, ya sin esperanza y sin remedio,
apellida al furor: ¡Ah! Ya es muy tarde
y, si en lugar de ardides, desde luego
hubiera recurrido a la bravura,
su desgracia ilustrara, en fin, queriendo   240
no morir sin venganza, a sus contrarios
garboso se presenta y con despejo.
Lucha con todos, paga con heridas
las mordeduras... ¡Infructuoso esfuerzo!
¿Y de qué le ha servido lo elegante   245
de su noble figura? ¿Lo soberbio
del ramaje sin par que lo corona?
¿Ni sus pies, que eran alas? ¿Si el adverso
destino de la caza lo persigue?
Vacila, cae sin pulsos y muriendo,   250
de lágrimas derrama dos arroyos,
que causan compasión aun a los reos.
   Después de estos ardientes ejercicios,
te convida mejor divertimiento,
si a las delicias rústicas asocias   255
de Bellas Letras y Artes el recreo...
Sí, Humanidades, sí, ¿y en qué paraje

de dar placeres no tenéis derecho?
El sabio os debe sus felices horas,
se duerme en vuestros brazos y del sueño   260
para vosotras despertar procura;
porque sois en sus males el consuelo,
en sus fortunas, el brillante ornato,
el tesoro, el honor, el amor tierno
de sus mejores años, la esperanza   265
de su vejez, el plácido cortejo
de sus viajes, y el fondo más seguro
de su paz, sus virtudes y deseos,
tanto que mira como grato asilo
las mismas extrañezas de un destierro;   270
tal Tulio Cicerón, que a Roma ingrata
dio en Túsculo al olvido,[12] sin saberlo.
   Mas en las diversiones de mi quinta
todavía una cosa echo yo menos.
Quiero que mis amigos me visiten,   275
que pueblen y que adornen mi desierto,
que me den parte en sus satisfacciones,
y que en las mías me acompañen ellos.
De mi edad juvenil, ¡oh caros días!
cuando, amante del campo –bien me acuerdo–,   280
lo amaba cual poeta y deseaba
en soledad tener por compañeros
árboles, aves, brutos, fuentes, flores.
Cuando gustaba ver un bosque espeso,
que batido de fuertes huracanes,   285

---

[12] Marco Tulio Cicerón (106-43 a. C.), es autor, entre otros textos fundamentales, del titulado *Debates en Túsculo* (*Tusculanæ Disputationes*), en el que se analizan cuestiones de ética filosófica. Los cuatro primeros libros se ocupan de la muerte, el dolor, la aflicción y otras perturbaciones del ánimo, mientras que el quinto está dedicado a la superación de esos problemas.

hacían sus copas grandes bamboneos,
marchar sobre la nieve que crujía,
y oír de los torrentes el estruendo.
Pero todo ha pasado, ya mi sangre,
con más templado ardor, va prefiriendo   290
a la necesidad de los sentidos,
del alma los enérgicos afectos,
y ya el campo más rico no me agrada,
si no hallo a quien decir: ¡Qué bueno está esto!
Adornemos el cuarto preparado   295
para el amigo fiel, para el sincero
pariente, que verá con regocijo
todos los puntos del querido huerto,
donde en mejores años traveseaba,
para mi padre anciano, que risueño   300
recogerá la sazonada fruta
de arbolitos, plantados por él mismo
y, al verlo allí, se ha de poner, sin duda,
más lozano y florido todo el predio.
Si es un pintor el huésped, ¡ah, qué cuadros   305
de los puntos de vista más selectos,
y de las perspectivas más graciosas
pondrá en mi galería! ¡Con qué aprecio
de las personas que venero y amo
obtendré los retratos y los lienzos!   310
Estos sitios amados de los vivos
serán también amados de los muertos.
¿Y por qué no erigir sobre la margen
de un quejumbroso arroyo y bajo el velo
de algún ciprés o sauce babilonio   315
de un caro amigo el sacro mausoleo?

¿Qué descanso más propio? Este es el uso
de que nos dan la norma los helvecios;[13]
cerca de algún remanso de las aguas
y en el fondo de un bosque verdinegro,   320
colocan los sepulcros; plantan flores,
que calman su dolor, tal vez creyendo
que en el olor de una purpúrea rosa
respira el alma del cadáver yerto.
   ¿Y no consagraremos algún sitio   325
a los que ejercitaron sus ingenios
en elogios de Ceres[14] y los faunos?
¿A Teócrito[15] un mármol no daremos?
¿Un bosque no daremos a Virgilio?
No, yo no aspiro; no, yo no pretendo   330
tener al lado de ellos mi sepulcro
mas, si algún ciudadano del Parnaso,[16]
devoto generoso de mi musa,
quiere honrar mis cenizas, yo le ruego,
que el cantor de los campos y jardines   335
no quede en el fracaso de los pueblos.
¡Oh valles!, que habéis sido mis amores,
collados, que he cantado placentero,

---

[13] Los *Helvetii* (helvecios), actualmente suizos. Tribu celta, que vivía en la región comprendida entre el curso superior del Rin, el Jura suizo, el lago de Ginebra y los Alpes. Julio César describe su enfrentamiento con los helvecios en la *Guerra de las Galias*.

[14] Hija de Saturno y de Cibeles. Diosa de la agricultura, que enseñó en sus largos viajes con Baco. Particularmente transmitió sus conocimientos sobre el arte de cultivar la tierra al príncipe Triptolemo.

[15] Teócrito (Siracusa, Sicilia, hacia 310-260 a. C.), poeta griego fundador de la poesía bucólica y pastoril, y uno de los más destacados del Helenismo.

[16] Monte de Fócida, consagrado a las musas.

permitid se establezca entre vosotros
mi tosco y perdurable monumento,   340
a la sombra de un álamo temblante,
por donde pase un rápido arroyuelo...
     Se han cumplido mis votos: ya unas ninfas
que del Vístula son honra y portento,[17]

---

[17] [N. A.]: *Ya unas ninfas, / que del Vístula son honra y portento.* Esto alude a la siguiente carta, que la Princesa de Czartorinska, en Polonia, escribió al autor: «Usted me habrá de perdonar, si es que interrumpo sus estudios, pues cuando toda una sociedad de Damas se endereza a usted para obtener lo que apetece, debe usted echar la culpa a su celebridad. Congregadas en una Quinta, en la cual residimos; la amistad, la inclinación y el parentesco son otros tantos vínculos, que no nos dejarán separar. Siendo natural que procuremos hermosear este retiro, ha sido el poema de los Jardines nuestro modelo, conducidas de la sensibilidad, la memoria y la gratitud. Actualmente nos ocupamos en erigir un monumento a aquellos escritores, cuyos libros nos dan continuas lecciones de ternura y placer: por lo que esculpiremos, en una pirámide de mármol sus nombres, con división de clases. En la primera faz, Pope, Milton, Young, Sterne, Shakespeare, Racine y Rousseau. En la segunda Petrarca, Anacreonte, Metastasio, el Taso y Lafontaine. En la tercera Madamas Sevigné, Riccoboni, La Fáyette, Deshoulièrs y Sapho. Y en la cuarta Virgilio, Gesner, Gresset y Delille. Todas estas fachadas estarán orladas de árboles, arbustos y macetas de flores. Las rosas, jazmines, lilas, violetas y pensamientos del lado de las damas. Del lado del Petrarca, Metastasio y Anacreonte loa arrayanes. Junto al Taso, el laurel. Junto a Shakespear, Young y Racine el sauce lloroso y el ciprés. Y, delante de los demás, cuanto los bosques, vergeles y prados tienen de más vistoso, porque cada una de nosotras ha de plantar un árbol en obsequio de estos poetas, que nos han inspirado el gusto de la vida del campo, y que por consiguiente han contribuido a nuestra felicidad. Solo nos falta una inscripción que, abrazando la idea, la transmita a la posteridad, y por aclamación hemos todas resuelto, que no la debe hacer otro que Monsieur Delille. Nosotras la pedimos no solamente a vuestro ingenio, sino también a vuestro corazón, pues no dudamos que este sencillo homenaje lo sabrá expresar bien el celebre autor del poema de *Los Jardines*, el traductor de las *Geórgicas* de Virgilio, y, lo que es

en sus jardines mágicos, al lado   **345**
de Saint-Lambere,[18] de Thompson[19] y Gesnero,[20]
preparan un lucilo[21] a mi memoria.
Pero, ¿qué hacéis? No, no, yo no merezco
tan grande distinción, que estos tres nombres

---

más, un sujeto dotado de delicadas sensaciones, etcétera. // El poeta británico Alexander Pope (1688-1744); el también poeta y erudito inglés John Milton (1608-1674), autor de *El paraíso perdido*; Edward Young (1683-1765); Laurence Sterne (1713-1768); William Shakespeare (1564-1616); Jean Racine (1639-1699); Jean-Jacques Rousseau (1712-1778); Francesco Petrarca (1304-1374); Anacreonte (h. 572-485 a. C.); Pietro Antonio Domenico Bonaventura Trapassi, más conocido por Metastasio (1698-1782); Torquato Tasso (1544-1595); Jean de La Fontaine (1621-1695); Marie de Rabutin-Chantal, marquesa de Sévigné (1626-1696); Elena Virginia Riccoboni (1686-1771); Marie-Madeleine Piochet de la Vergne, condesa de La Fayette, más conocida por Madame de La Fayette (1634-1693); Antoinette Du Ligier de la Garde Deshoulières (1638-1694); Safo de Lesbos (650/610-580 a. C.); Publio Virgilio Marón (70-19 a. C.); Salomon Gessner (1730-1788); Jean-Baptiste-Louis Gresset (1709-1777) y el propio Jacques Delille (1738-1813).

[18] Jean-François Saint-Lambert (1717-1803).

[19] James Thomson (1700-1748).

[20] Viera sustituye a Pope por Gesnero, probablemente Salomon Gessner (cfr. Jacques Delille, L'homme des champs…, p. 52 [canto i, v. 464]). Según Juan Cano Ballesta («Utopismo pastoril en la poesía dieciochesca: la «Égloga» de Tomás de Iriarte», <http://www.cervantesvirtual.com>), la visión utilitaria de la naturaleza es una contribución muy propia del siglo xviii. Jean-François de Saint-Lambert, que a su vez, como él mismo reconoce, se mueve en la tradición de James Thomson y Salomon Gessner, en sus poemas Les Saisons (1769) ayuda al despegue de la clásica tradición arcádica de pura ficción hacia una naturaleza real y útil a los hombres, percibida con enfoque científico, humanitario y filosófico. Saint-Lambert dice en su *Discours préliminaire* que la poesía debe proponerse conmover y «graver dans le coeur et la mémoire des hommes des verités et des sentiments utiles ou agréables».

[21] *DLE*: «Urna de piedra en que suelen sepultarse algunas personas de distinción».

decaerán de su gloria y su concepto.   350
Un rincón ignorado a mí me basta,
y estaré bien pagado si en mi obsequio
practicáis las lecciones de mi lira;
si en la calma de asuntos turbulentos
enriquecéis y mejoráis los campos,   355
y si una u otra vez se escucha el eco,
bajo las frescas sombras de esos sotos,
de mi amor, de mi nombre y de mis versos.
Mas, entretanto, no olvidemos nunca,
en cualquiera ciudad o lugarejo   360
que la comunicada solo es dicha,
porque felice o infelice, es cierto
que el hombre necesita de otros hombres,
y vive a medias quien, en sus contentos,
solo para sí vive. ¡Ea! Vosotros,   365
para quienes han sido forasteros
los prodigios del campo y su alegría,
procurad hacer bien y veréis presto
cómo el campo os agrada, que en el campo
quiere bondad la dicha para serlo.   370
En las ciudades todo está confuso,
cuando en el campo brilla el paralelo
de la choza y la quinta; de la ilustre
ociosidad del prócer opulento
y la activa miseria del que es pobre...   375
La bondad llega entonces y, al momento,
las envidias desarma, restituye
la fortuna a equilibrio; da remedio
a la adversa estación y va dejando
alguna rubia espiga al jornalero   380
en el campo labrado con sus manos,
desafiando los soles y aguaceros.

¿Y en dónde el cielo más que en las campiñas
del liberal carácter nos da ejemplos
y de mutuos presentes generosos?   385
El prado nutre al buey; el buey, paciendo,
al árbol fecundiza; el árbol chupa
el jugo de la tierra, y el terreno
con las hojas marchitas se estercola;
dan las aguas al aire refrigerio;   390
y el aire, condensando los vapores,
en agua los reduce o en sereno;
todos dan y reciben, solo turba
un duro corazón este concierto.
Mirad aquel, que el juego ha maltratado,   395
cómo sube inhumano los arriendos;
y cómo el otro arruina sus caudales,
sin que enjugue una lágrima con ellos.
¡Oh infatuada riqueza! ¿Qué? ¿No has visto
a esa viuda infeliz? ¿A estos chicuelos,   400
mustios del hambre, a modo de las flores
que se hallan faltas del preciso riego?
¿A esos viejos sin pan? ¿Mozas sin dote?
Si de alguna heredad yo fuera dueño,
la sabría disfrutar, ved aquí cómo: 405
hombre feliz, también digno de serlo,
rodeado de flores me vería,
de varias frutas, de árboles injertos,
y, sobre todo, de risueñas caras,
pues no daría lugar al maciliento,   410
triste semblante de un menesteroso,
que a perturbar llegase mi sosiego.
Pero, yo tengo horror al hombre ocioso,
y mis rejas, azadas, hoces, bielgos,
entre las manos del necesitado,   415
su salario serán y mi provecho.

Aun esto no es bastante, hay otros pobres
que son ancianos, débiles o enfermos,
y es forzoso asistirles. Tendré un cuarto,
donde con orden próvido y aseo,   420
estén todas las hierbas y las drogas,
que en las dolencias son medicamentos.
Los curiosos, que a tiempos me visiten,
solo celebrarán los aposentos,
donde vean tapices, cornucopias,   425
una cama imperial, un gran espejo…,
mas, para un corazón bueno y humano,
será mi botiquín sagrado objeto.
Yo llevaré el remedio a los dolientes,
y tendrán más virtud, si yo los llevo,   430
porque han de consolarse. No iré solo;
yo llevaré mis hijos, cuyos pechos
palpitarán de compasivo gozo
al dar al miserable algún dinero.
Irá también tu hija que, adornada   435
del celeste pudor, será su aspecto
como el de un ángel bello, aparecido
a la humilde pobreza, ensayo haciendo,
con timidez de su bondad innata.
De sus costumbres tú eres el modelo;   440
es tu ejemplo su dote y sus virtudes
obras son de tus sabios documentos.
¡Oh!, fatuos corazones, que tan caros
soléis comprar vuestros disgustos necios,
ved y envidiad estos placeres puros,   445
si de algún placer puro tenéis celos.

Como en la aldea me interesa todo,
el cura me parece su ornamento:
es un hombre de Dios, que en ciertos días
reúne por su oficio al dócil pueblo;   450
presenta al Ser Altísimo sus votos;
hace bajar los bienes desde el cielo;
bendice los sembrados y los frutos;
alivia el mal; consagra el himeneo;
recibe al hombre, aun desde la cuna,   455
guía su vida y al fin lo va siguiendo
hasta el frío sepulcro; él no abandona
su pobre iglesia, su rebaño electo,
por pasar a más pingüe beneficio,
pues el pastor glorioso y verdadero   460
es, a manera de aquel olmo antiguo
que, arrojando raíces en un puesto,
con sombra paternal cubre cien años
las danzas campesinas y bureos;
él es para su amado vecindario,   465
por su afabilidad y sus consejos,
segunda providencia, pues no hubo
miseria que escapase a sus desvelos,
y solo Dios, que premia a bienhechores,
no ignora los felices que él ha hecho.   470
Si se presenta en la cabaña tosca,
del dolor e indigencia triste centro,
el mal pierde su horror, que quien socorre
la cruel necesidad, al mismo tiempo
impide los delitos; de este modo,   475
el pobre lo ama, el rico le da inciensos,
y en su mesa, tal vez, dos enemigos
se abrazan y retiran satisfechos.

De los amables chicos de mi villa[22]
él es también el principal maestro.   480
¡Y qué nuevo espectáculo a mis ojos
son estos grupos de inocentes genios,
sin cesar enredando por el campo!
¡Qué sabio no verá con gozo extremo
del hombre en flor la principiante vida,   485
donde está como en germen y renuevo
el futuro destino y la esperanza
del aprisco, la granja y el viñedo!
El hombre todavía allí no es otro,
porque la educación con su fermento   490
artificiosamente no ha inmutado
de la Naturaleza los ingenuos
primordiales conatos; ved al uno
que, dócil al castigo más ligero,
a una tierna palabra desarmado,   495
depone su primer resentimiento
y, enjugando las lágrimas, se ríe;
y ved al otro que, de humor más terco,
constante en sus cariños o aversiones,
baja los ojos, se hace sordo al ruego,   500
desdeña los regalos y persiste
en mantener un pérfido silencio;

---

[22] Las menciones explicitas a los lugares y árboles que marcaron la infancia del poeta francés desaparecen en la traducción de Viera. En el poema original se lee: «Tel, ô doux Chanonat, sur ton charmant rivage, / j'ai vu, j'ai reconnu, j'ai touché de mes mains, / cet arbre dont s'armoient mes pédans inhumains, / ce saule, mon effroi, mon bienfaiteur peut-être» (Jacques Delille, *L'homme des champs...*, p. 60 [canto I, vv. 647-650]).

tal fue en Roma Catón que, desde niño,
seguras muestras dio de humor severo.[23]

Pero, si adivinar quieres sus almas,　　　505
obsérvalos jugando, que en el juego
se escapa sin las trabas el instinto,
y cada inclinación cobra sus fueros.
El uno, historiador de su barriada,
refiere las camorras y los cuentos;　　　510
el otro, nuevo Euclides,[24] sobre el polvo
círculos traza, que disipa el viento;
este, aprendiz de Apolo,[25] con carbones
pinta en una pared un caballero;
aquel, César[26] futuro, arma soldados,　　　515
la caña es su fusil, tambor su cesto;
y entre aquellos que tañen la zampoña,

---

[23] Marco Porcio Catón (Tusculum 234-149 a. C.). Político escritor y militar romano. Se le conoció como *El Censor* (Censorius) y *El Viejo*. En su cargo de censor se distinguió por su defensa conservadora de las tradiciones romanas y protagonizó un duro enfrentamiento con Escipión *El Africano*. Impulsó la guerra con Cartago. Se conserva su texto *De Re Rustica* o *Sobre la Agricultura*.

[24] Matemático y geómetra griego, considerado El Padre de la Geometría. Vivió en torno al año 300 a. C.

[25] Viera cambia Rubens (Petrus Paulus Rubens, 1577-1640) por Apolo, en tanto que dios de las Artes. Cfr. Jacques Delille, *L'homme des champs...*, p. 61 (canto I, v. 686).

[26] Viera cambia Chevert (François de Chevert, 1695-1764), lugarteniente general de los tropas del Ejército del rey de Francia, por César. Cfr. Jacques Delille, *L'homme des champs...*, p. 61 (canto I, v. 687).

puede resucitarse con el tiempo
un Jorge Juan,[27] un Condillac[28] o un Locke,[29]
si un bienhechor protege sus talentos,   520
tal un clavel que, en su botón oculto,
espera, para hallar el lucimiento,
la luz del sol y el llanto de la Aurora;
mas, entretanto, el rústico mancebo
héroe se cree, si con un brazo firme,   525
sobre el agua un guijarro arroja diestro,
el cual, al recorrer el plano undoso,
marcha siempre saltando y recayendo.
No tendrán, no, los niños de mi villa
ni preocupaciones ni embelecos,   530
como en el tiempo en que se hallaba todo
de almas en pena y revinientes[30] lleno;

---

[27] Las menciones a Pascal (Blaise Pascal, 1623-1662), Molière y Boileau se eliminan en la traducción de Viera, que los sustituye por científicos y escritores de origen español, inglés y francés. Cfr. Jacques Delille, *L'homme des champs...*, p. 61 (canto I, vv. 689 y 690). Jorge Juan y Santacilia (Novelda, Alicante, 1713-Madrid, 1773), científico y marino español de renombre.

[28] Étienne Bonnot, abate de Condillac (Grenoble, 1715-Beaugency, 1780), filósofo y economista francés.

[29] John Locke (1632-1704), pensador inglés, al que se considera el padre del empirismo y del liberalismo.

[30] En la Carta XX intitulada «Reflexiones críticas sobre las dos Dissertaciones, que, en orden a Apariciones de Espíritus, y los llamados Vampiros, dio a luz poco ha el célebre benedictino y famoso expositor de la Biblia, don Agustín Calmet», dice Feijoo: «Contiene el libro dos Dissertaciones; la primera sobre las Apariciones de Ángeles, Demonios y otros Espíritus; la segunda sobre los *Revinientes*, o *Redivivos*, en cuyo número entran con los *Vampiros*, y *Brucolacos* los *Excomulgados* por los Obispos de el Rito Griego...» (Benito Jerónimo Feijoo y Montenegro, *Cartas eruditas y curiosas, en que por la mayor parte se continúa el designio de el Theatro Crítico*

en que al saludador se consultaba,
la bruja untada remontaba el vuelo,
no había sin duende alguna casa antigua,   535
nadie se libertaba de hechiceros,
y en las horas nocturnas, con patrañas,
las viejas a los chicos metían miedo.
Destiérrense ficciones tan nocivas,
del error hijas, madres del agüero;   540
contémosles más bien la tierna historia
de aquella segadora que en el suelo
iba dejando, con descuido amable,
las espigas caídas, con intento
de que las pobres, que seguían sus pasos,   545
las fuesen poco a poco recogiendo;
la historia del buen padre, del buen hijo;
y de la mano de invisibles dedos,
que castigó mentiras y calumnias
y al triste huerfanito dio alimento.   550
    Lejos de amedrentar a los muchachos,
gocemos de sus gratos pasatiempos,
porque ¿quién lo creerá? Pedantes hubo
que con un celo bárbaro, indiscretos,
de estos ratos que dan solaz y alivio,   555
fueron censores críticos, diciendo
que el recreo es estéril y le roba
al estudio y trabajo los progresos.
¡Ah! ¿Qué decís? ¿Con qué ha de prohibirse
al labrador, al útil jornalero,   560
en los días festivos su dulzaina,
su merienda, su trago, su festejo?

Universal, impugnando o reduciendo a dudosas varias opiniones comunes, t. IV, Blas
Román, Madrid, 1781, pp. 306-307).

¿Y a las gallardas mozas de la granja,
sus adornos, sus flores, sus paseos?
No penséis tal y permitid, más justos,   565
a sus tareas estos cortos premios,
y que den, en su vida laboriosa,
una parte a la pena, otra al consuelo.
A estas recreaciones aldeanas
yo mismo asistiré de bastonero   570
y, para diseñar los varios ranchos,
el pincel de Teniers[31] es lo que anhelo.
Allí dos viejos, con botella en mano,
cuentan, poniendo plácidos los gestos,
uno, sus mocedades y amoríos,   575
y otro, en la guerra sus famosos hechos,
cuando el príncipe Eugenio[32] y él salvaron
el honor militar en un rencuentro.
Egeria, más allá, doncella hermosa,
sobre una soga, atada en un almendro,   580
se está, no sin temores, columpiando
y, con la agitación, yendo y viniendo,
los guardapiés, que el céfiro levanta,
va sujetando con pudor honesto.
En otra parte, sobre un largo circo,   585
hay dos globos rivales que corriendo,
impelidos de mallos vigorosos,
el que entra por el aro gana el pleito.

---

[31] David Teniers, pintor y grabador flamenco (Amberes, 1610-Bruselas, 1690). Sus escenas campesinas y de tabernas se hicieron muy populares.

[32] Debe de tratarse de Eugenio Francisco, príncipe de Saboya-Carignan (1663-1736), brillante general austriaco.

La elástica pelota, hacia otro lado,
conservando en el aire su voleo,   590
la mano que la arroja la rechaza
y se sonroja si se cae al suelo.
En una gran terraza hay nueve bolos
que en tres líneas están de pie derecho
y, rodando hacia ellos una bocha,   595
de aquellas que derriba hace trofeo.
    La alegría allí ríe, brilla el gozo,
luce el vigor y agilidad del cuerpo,
cuyos bien merecidos alborozos,
y aun el reposo mismo, son un medio   600
para que se destierre del cortijo
la ociosidad del tiempo venidero.
Yo, con sus diversiones divertido,
rico con sus haberes, muy contento
con la dicha de hacer hombres dichosos   605
y de poner en vínculo y comercio
la choza y el alcázar, complacido,
podré con Dios decir: lo que hago es bueno.

CANTO II

Dichoso el que en el seno de su quinta
de los fracasos públicos se aleja,
y los jardines, artes y virtudes
cultiva solitario y sin molestias.
Tal cuando en Roma la sangrienta mano   5
del Triunvirato desgarraba fiera
los miembros de aquel cuerpo estremecido,
Virgilio, desdeñando las contiendas,
con el eco del nombre de Amarilis,[33]
encantaba los prados y las selvas.   10
Calmados ya los trágicos furores,
fue a la ciudad, mas solo con la empresa
de restaurar las tierras de sus padres,
que había perdido en la intestina guerra.

---

[33] Alusión a la segunda égloga de Virgilio.

Ellas lo vieron luego y lo admiraron,   15
cortesano de Pan,[34] Pales[35] y Vesta,[36]
pisar la margen del Mantuano lago,[37]
donde los blancos cisnes con él juegan.
Tranquilo entre pastores y rebaños,
haciendo resonar su dulce avena,   20
cantaba a los romanos furibundos
sus *Geórgicas* dichosas. Nadie crea
que yo tengo como él campo heredado
mas, huyendo como él de las reyertas,
las selvas busco y canto, con voz ronca,   25
de agricultura interesantes reglas.
No seguiré sus pasos, yo me arrojo,[38]
sin llevar guía, por no holladas sendas
y he de entonar, sobre mi propia lira,
nuevas lecciones de unas cosas nuevas.   30

---

[34] Dios de los campos, los ganados y los pastores.

[35] Diosa de los pastos, de los pastores y los rebaños. Algunos autores la asocian con Cibeles y, otros, con Ceres.

[36] Diosa romana arcaica que presidía el fuego del hogar doméstico. En época de Viera y Clavijo se consideraba que se trataba de Cibeles, «porque era como Vesta, la diosa del fuego». Solamente las doncellas podían celebrar sus misterios y su cometido era evitar que se apagara el fuego en sus templos. Se las llamaba vestales.

[37] Alusión a la ciudad de Mantua (Montova), en la región de Lombardía. Rodeada por el río Mincio ha poseído siempre gran interés agrícola. Precisamente Virgilio nació en *Andes*, una aldea cerca de Mantua.

[38] Viera modifica el contenido del poema original, eliminando los versos en los que Delille se dirige a los lectores franceses: «Quand des agriculteurs j'enseigne l'art utile, / je viens plus, marchant sur les pas de Virgile, / répéter aux Français les leçons des Romains» (Jacques Delille, *L'homme des champs…*, p. 68 (canto II, vv. 37-39).

Yo no diré cómo se abona un campo,[39]
ni bajo de qué signo o de qué estrella
se ha de plantar la viña; que terrazgo
pide la oliva; en dónde se prosperan
las legumbres, los granos y las frutas.   35
Más sublime canción mi musa ordena.
No canto los trabajos del cultivo;
canto, sí, sus milagros, sus grandezas,
no es un rústico dios, viejo y porfiado,
que practica sus máximas añejas;   40
es un encantador que, con la vara
de su magia feliz, muda de escenas,
mejora las campiñas y las razas,
fertiliza montañas, doma peñas,
hace correr las prisioneras aguas,   45
triunfa de climas, a su voz comercian
unos con otros los distantes ríos,
lugares muda y estaciones trueca.
   Cuando el hombre intentó la agricultura,
ignoraba las leyes con que medra   50
un arte tan proficuo; él arrojaba

---

[39] El interés por el progreso de la agricultura, considerada como fuente de riqueza en el siglo XVIII, se materializó por la creación de academias y sociedades agrícolas en Europa y América a partir de 1723, así como por la multiplicación de diccionarios y manuales dirigidos a los jardineros y agricultores. En Francia, podemos citar, a modo de ejemplos, *Le dictionnaire des jardiniers*, de Miller, traducido del inglés y publicado en 10 volúmenes en París en 1785; las obras del abate Rozier, como *Cours complet d'agriculture théorique o el Dictionnaire universel d'agriculture; L'école du jardin-potager*, de Combles, publicado en 2 volúmenes en París, en 1780 o el *Manuel alimentaire des plantes*, de Buchoz, también publicado en París, en 1771. Sobre este particular, véase Gilles Denis, «Agriculture, esprit du temps et mouvement des Lumières», *Histoire & Sociétés Rurales*, vol. 48, nº 2, 2017, pp. 93-136.

en llanos, en collados, en laderas,
sin elección alguna, las semillas,
hasta que conoció la diferencia,
y tuvo cada planta y cada grana   55
su patria propia y su morada cierta.
Tú puedes hacer más, porque te es fácil
poner cualquier terreno a tu obediencia,
combinando, en abonos eficaces,[40]
estiércol, cal, ceniza, marga, arena,   60
según las diferentes circunstancias,
y volver paraísos tierras yermas.
 Vosotros que, alquimistas infatuados,
oro queréis sacar de otras materias,
dejad esa quimérica impostura: 65
el oro está en los surcos, que la reja
del arado va abriendo a las semillas;
la tierra es el crisol que lo fomenta
y la hornilla es el sol, que lo derrite,
cargando el labrador con la riqueza.   70
Hubo en Roma un anciano venturoso
que, mejorando con feliz tarea,
el pegujar ingrato que tenía
aumentar supo frutos y cosechas.
Un prado artificial hizo su industria   75
con el trébol de olor y con la mielga,
duplicó las coronas de sus flores,

---

[40] Desaparece del poema la mención a Duhamel (Henri-Louis Duhamel, 1700-1782), botánico y agrónomo francés, que se dedicó a experimentar técnicas para el progreso de la agricultura y a divulgar los conocimientos agrícolas de los campesinos. Fue autor del *Traité de la culture des terres*, publicado entre 1750 y 1754 (Gilles Denis, «Agriculture, esprit du temps et mouvement des Lumières», *Histoire & Sociétés Rurales*, vol. 48, nº 2, 2017, p. 120).

de extrañas frutas adornó su mesa
y solo con variar de producciones
dejaba descansar la fértil tierra.   80
Un vecino envidioso fue a acusarle
del crimen, que llamó mágica negra;
mas el anciano al juez pone delante
rejas, barras, azadas, podaderas,
con sus manos callosas y le dijo: 85
ya lo veis vos, mi brujería es esta.
Todos lo aplauden, lo apellidan todos
Triptolemo romano,[41] a competencia,
si imitas su secreto tu alquería
de gratitud igual te dará pruebas;   90
mas, a la antigua práctica que acordes,
los patriarcas rústicos enseñan,
no dudes añadir, supersticioso,
tentativas más sabias por modernas.[42]
¡Ah! Tú verás que atónitos tus campos   95
metamorfosis raros te presentan;
verás las rosas, que otro tiempo estaban
sobre un grupo de ramas muy pigmeas,
cómo ya con magnífica arrogancia
sobre elevados vástagos campean;   100
y verás el pomar que, antes erguido,

[41] [N. A.]: Plinio, *Hist. Natur.*, lib. 18, sect. 8.

[42] Desaparece de la traducción de Viera la alusión a las memorias y los tratados de agricultura recopilados por el abate François Rozier (1734-1793) que, según sus detractores, se limitaban a prodigar teorías seductoras, pero inaplicables en el terreno. Tampoco conserva Viera la mención a *Le Mercure*, uno de los primeros periódicos de Francia, creado en la segunda mitad del siglo XVIII. Cfr. Jacques Delille, *L'homme des champs…*, p. 72 (vv. 119-126).

levantaba sus gajos a la esfera,
como ya da, sobre árboles enanos,
de un modo más feraz, fruta más bella.
¡Con qué nueva opulencia nuestras flores,   105
dobles radios y pétalos ostentan,
y en sus raros esmaltes y fragancias
la vista y el olfato se deleitan!
De lejanos países y regiones,
llamadas las familias forasteras,   110
con las que son indígenas de Europa
en feliz maridaje se atemperan.[43]

---

[43] Se introduce el tema de la aclimatación en Europa de plantas exóticas que traían de sus viajes a ultramar los oficiales de Marina. En Francia, los ensayos de aclimatación de las plantas se realizaron principalmente en el Jardín de la Marina de Tolón y en el Jardín del Rey de París, llamado más adelante Jardín de las Plantas. Uno de los agrónomos franceses más implicados en estos ensayos fue André Thouin (1747-1824), jefe de los cultivos. Según Thouin y sus seguidores, era posible aclimatar plantas exóticas a los climas fríos de Europa haciéndoles pasar gradualmente las barreras climáticas. Sobre este particular, véanse Dominique Juhé-Beaulaton, «Du jardin royal des plantes médicinales de Paris aux jardins coloniaux: développement de l'agronomie tropicale française», en Jean-Louis Fischer (dir.), *Le Jardin entre science et représentation. Actes 120ᵉ Congrès national des sociétés historiques et scientifiques, Aix-en-Provence, 1995*, París, CTHS, 1999, pp. 267-284; Corine Babeix, «La création du jardin botanique de la Marine de Toulon», en Musée Balaguier (ed.), *Le Voyage des plantes. Le jardin botanique de la Marine (1766-1890)*, Seyne-sur-Mer, s. n., 2008, pp. 27-30; Lorelai Kury, *Histoire naturelle et voyages scientifiques (1790-1830)*, París, L'Harmattan, 2001, p. 209. Desde las Islas Canarias, algunas mentes ilustradas, como Alonso de Nava y Grimón, VI marqués de Villanueva del Prado, trataron de participar en la propagación de las plantas. Además de ser el fundador del Jardín Botánico o Jardín de Aclimatación de La Orotava, el marqués era socio de la *Société Académique des Sciences* de París. Su admisión en esta sociedad tenía como finalidad establecer una red de cooperación y proporcionar al Ministerio francés de la Marina semillas y objetos de historia natural de la isla de Tenerife, de Cuba y América

Aquel árbol que, oriundo de otro clima,
tiene en su tronco y copa gentileza,
con la hospitalidad que ha merecido,   115
de ciudadano los derechos cuenta.[44]
El cítiso bajó desde los Alpes,
precioso por su flor y su madera;
del oriente, el lloroso y dócil sauce,
que consagra el amor a la tristeza,   120
y del Líbano esclavo, el cedro noble[45]

---

del Sur. Véase carta de Joseph-François Charpentier de Cossigny al marqués de Villanueva del Prado, París, 15 de germinal del año X (5 de abril de 1802), RSEAPT, Fondo Rodríguez Moure, RM 112, fols. 40r-41r.

[44] Viera elimina de su traducción una serie de versos que tratan de los jardines de París y Londres y donde se hace la apología de los árboles de la geografía francesa. Cfr. Jacques Delille, *L'homme des champs...*, pp. 73-74 (vv. 143-170).

[45] Delille dedica una nota al cedro del Líbano, que se aclimató por primera vez en Francia en el Jardín de las Plantas de París (Jacques Delille, *L'homme des champs...*, nota 8, p. 186). En 1734, Bernard de Jussieu trajo de Londres, en un sombrero, dos brotes del árbol. Uno de ellos se plantó en este jardín y representa hoy en día, junto con el platanero de Oriente de Buffon, uno de los árboles más emblemáticos del establecimiento parisino. En el siglo XIX, el cedro del Líbano, en particular el del jardín parisino, ya causaba admiración entre los naturalistas franceses. En su obra *Árboles y bosques*, publicada en 1880, Sabin Berthelot dedicó un capítulo a este árbol y escribió a este propósito: «Los cedros son, en efecto, los árboles cuyo aspecto imponente os penetra de admiración. La oscuridad religiosa de su sombra en derredor de los lugares santos inspira el recogimiento e impone respeto. Aún aislados, estos árboles despiertan pensamientos que os encantan. El gran cedro del Jardín de Plantas de París, plantado en 1734 por el ilustre Bernard de Jussieu, y que este botánico trajo de Inglaterra en un sombrero, goza de una celebridad popular. Este bello árbol es para mí la representación misteriosa de la naturaleza viviente, de esa fuerza reproductiva que se extingue en la flor para reanimarse en la semilla; que se oculta, circula

halló la libertad en tierra inglesa.
¡Con qué satisfacción puedes pasearte
por colonias arbóreas muy diversas!
Encontrarás los inmortales pinos   125
de Escocia y la Virginia, cuya mezcla
te ofrecerá el mapa de dos mundos,
y en un punto andarás leguas inmensas.
El tuya[46] te lleva hasta la China,
hasta el Jordán, el árbol de Judea,   130
pues son, al recorrerlas y admirarlas,
climas tus plantas, viajes tus ideas.

---

en todas las hojas, y cuya marcha lenta y progresiva perpetúa a través de los siglos la memoria de aquel sabio. Cuando yo me sentaba bajo el cedro del Jardín de Plantas, jamás estaba solo: el árbol venerable hablaba a mi pensamiento y resucitaba a mi vista el hombre que lo plantó. ¡Oh! ¡Creedlo! La botánica meditada lejos de los herbarios, bajo la sombra protectora del Cedro del Líbano, tiene encantos secretos que la colocan muy por encima de las otras ramas de la ciencia. Que me respondan los zoólogos: ¿Hay alguno entre ellos que se sienta conmovido delante de la jirafa de Lavaillant, y el animal embalsamado ha dicho algo jamás a su imaginación?» (Sabin Berthelot, *Árboles y bosques*, intr. de J. Enrique Jiménez, Santa Cruz de Tenerife, 2005, pp. 52-53, col. «Territorio canario»). Este mismo texto se publicó bajo el título «Árboles y bosques (páginas de un libro inédito)», en *Revista de Canarias*, n° 17, 8 de agosto de 1879, pp. 257-259.

[46] «Tuhía» en el original. Se refiere al *Thuja orientalis* conocido comúnmente como tuya, biota o árbol de la vida. No supera los diez metros de altura y, con frecuencia, tiene porte arbustivo. Se multiplica por semillas y las variedades se injertan. Madera rígida y aromática. Delille señala en su poema, en una nota, que este árbol fue introducido en Europa por el rey Francisco I de Francia y que, en vísperas del siglo XIX, el Jardín de las Plantas de París contaba con varios ejemplares (Delille, *L'homme des champs...*, nota 10, p. 187).

El vulgo no ve más que árboles mudos,
pero dichoso tú que, en tu arboleda,
ves unos caros hijos y procura   135
sostener en su infancia su flaqueza,
formar su juventud con lozanía
y auxiliar su vejez con bondad tierna.
Tú estudias sus geniales y sus gustos,
leyes les das, costumbres les aprestas,   140
hojas, frutas y flores les corriges,
y de la creación la obra completas.
Haz también que tu celo y tu cuidado
se extiendan de las plantas a las bestias[47]
y, para que sus razas se mejoren   145
en vigor, en vestido y en belleza,
escoge bien las madres y aun procura
que de otros reinos los casares vengan.
Pero no obligues a dejar su patria
a los que, muy fecundos siempre en ella,   150
como para vengarse de tu robo,
no se aman, ni se buscan, ni se mezclan;

---

[47] Se introduce el debate sobre la introducción y domesticación de los animales exóticos, que se desarrolló en Francia sobre todo a partir de mediados del siglo XIX, en particular bajo la égida de Isidore Geoffroy Saint-Hilaire, fundador de la Société impériale zoologique d'acclimatation en 1854. Sin embargo, en la segunda mitad del siglo XVIII, algunos naturalistas, tales como Buffon y Lacepède, habían sugerido realizar ensayos de domesticación de algunos animales. Véase a este propósito Isidore Geoffroy Saint-Hilaire, «Fragments historiques sur la domestication et la culture des animaux. Troisième fragment», *Bulletin de la Société impériale zoologique d'acclimatation*, t. 1, París, Librairie Goin, 1854, pp. 283-296 ; Claude Blanckaert, «Les animaux 'utiles' chez Isidore Geoffroy Saint-Hilaire: la mission sociale de la zootechnie», *Revue de synthèse*, n° 113, 1992, pp. 347-382.

ni aquellos, cuyos rasgos primitivos
en sus nietos del todo degeneran.[48]
A la hermosura estéril y al plumaje   155
de las aves cautivas y parleras,
prefiero aquellas que, en un campo libre,
anidan, cantan, aman y procrean.
El tigre es celibato entre nosotros;
el león preso, a la leona deja;   160
nuestros perros, llevados a la Nubia,[49]
pierden la voz, el pelo y la braveza;
y la indiana, en el Asia, cría al niño,
que sin leche da a luz dama europea.
Por eso tu elección solo recaiga   165
sobre animales útiles, que tengan
analogía con tu clima, al paso
que sanos, en su suelo, alegres crezcan.
Verás sobre las rocas de la Suiza
que el toro se une a la fecunda yegua;   170
que la cabra de Oriente trepadora
de los nevados céspedes se cuelga;
que el carnero merino de la España
gusta pacer con la africana oveja,
y que el caballo inglés allí disputa   175
con el caballo barbo en la carrera,
mientras que los muchachos del vecino,

---

[48] Basándose en los ensayos de reproducción de tigres y leones en cautividad que se realizaron en Londres entre 1750 y 1797 (ensayos que se saldaron por un fracaso), Delille plantea los límites de la aclimatación y domesticación de animales en zonas climáticas diferentes a su región natural. Véase en Delille, *L'homme des champs*..., nota 12, pp. 187-188.

[49] Región situada en el extremo sur de Egipto. Se extiende a lo largo del valle del Nilo y por el norte del Sudán, entre la primera y la sexta catarata. En la antigüedad fue un reino independiente.

jugando con ardor sobre la hierba,
sin blanco y sin proyecto meditado,
huyen, corren, se alcanzan, se revuelcan. 180
 ¡Oh deliciosos movedizos cuadros,
cuál pintura compite con las vuestras!
¡Cuál con vuestros aspectos! Si en mi mano
dejare el cielo, hasta mi edad postrera,
toda la ocupación, del campo amigo 185
el labrador seré, seré el poeta,
porque esta ocupación en calma es sola
la que no engaña al sabio en lo que anhela.
En medio de sembrados y jardines,
de ganados, de arroyos y dehesas, 190
él pasea sus gratas esperanzas,
mostrando sin cesar frente serena;
él ayuda con nudos a abrazarse
del cortés olmo a la amorosa cepa;
él observa si el alba trae rocíos 195
o si disipa el sol la húmeda niebla,
sirviéndole sus mismas inquietudes
de picante y sazón en lo que espera,
pues planta, riega, aguarda, coge, gasta,
regalado de dones y promesas. 200
 Yo pensaba gozar de esta ventura
en mi triste vejez, ya en una aldea
y en esperanza, una heredad tenía
con su pomar, vergel, bosque y glorieta.
¡Con qué gracia mi arroyo serpenteaba 205
entre las verdolagas y las fresas!
¡Qué rollizos y alegres mis rebaños
pastaban el tomillo y pimpinela!
Todo reía a mis ojos, yo soñaba
pirámides de espigas en mis eras, 210
ríos de leche en mis fecundos prados...

¡Breve ilusión! Las tristes turbulencias
de mi nación tan solo me han dejado
mi campestre zampoña por herencia.
Adiós flores y frutas, adiós mieses… 215
pero vosotras, plácidas florestas
del sacro Pindo,[50] dadme vuestras sombras
pues ya que la cruel suerte no me deja
ser labrador de un campo, yo a lo menos
cantaré consolado sus larguezas; 220
en esta soledad Ceres me inspira,
el valle me oye, el bosque me celebra.
    Entretanto, los que de la labranza
sois profesores, emprended con fuerza
hazañas memorables, que en los campos, 225
así como hay conquistas, hay proezas.
¿Ves un suelo montuoso al mediodía,
cuyas rocas en vano el sol calienta,
y estás en inacción? Corre, transmuta
en tierra fértil esa ingrata tierra. 230
Para plantar la vid en sus collados,
Marte[51] le prestará, con faz risueña,
el rayo a Baco…,[52] se abren las entrañas,
el fuego cunde, la montaña tiembla
y la explosión, con estampido horrible, 235
hace volar sus quebrantadas piedras.
De pámpanos se viste luego al punto,
cuyos racimos dan el dulce néctar,
con que los que rindieron aquel sitio
cantan el triunfo y su valor festejan. 240

---

[50] Monte de Tesalia, consagrado a las musas.

[51] Dios de la guerra y árbitro de todos los combates.

[52] Baco enseñó a los hombres la agricultura en Egipto y fue el primero que plantó viñas, de ahí que se le adorara como dios del vino.

Si en otra parte un árido terrazgo,
con cuyo polvo el viento y agua juegan,
entristece la vista, no desmayes;
él te podrá pagar también la pena
si, criador de un nuevo suelo, sabes   245
reparar con usura su indigencia.
Así de Malta, aquel peñasco aislado,
que solo en heroísmo fértil era,
ha debido la tierra, que le cubre,
a la Trinacria,[53] en donde se arde el Etna,   250
y los ejidos, que un romero humilde
tan solo alimentaban, ya nos ferian
el melón dulce, el higo azucarado,
la uva moscatel y la selecta
rica manzana de oro, pues ya Malta,   255
que de un eterno estío era palestra,
debe a la bienhechora agricultura
tener otoño y ver la primavera.
Mas los timbres del arte, que yo elogio,
en fecundar la tierra no se encierran   260
pues, para hacer sus dádivas más ricas
de viento, fuego y agua, se aprovecha.
Dejad las verdes lomas y llanuras,
venid, venid, seguidme hasta esta sierra,
sobre cuyas desiertas, agrias cumbres,   265
el trueno ronca, el aquilón vocea
y de donde las aguas cristalinas
en rápidos torrentes se despeñan…
¡Oh nobles sierras!, donde yo solía
ponerme a meditar, con tal viveza,   270
que olvidaba los valles deliciosos,

---

[53] Es decir, Sicilia. Llamada así, antiguamente, por sus tres puntas o extremos.

ya vuelvo a entrar por tan sombrías puertas,
no como el fiel pintor, que retrataba
tus majestuosas e intrincadas breñas,
sino cual labrador, que de esa altura   275
llama a la industria, al arte y a la ciencia
para decirles: ¿Veis estas cascadas,
que murmurando caen y que se estrellan?
Ellas quieren serviros y solo aguardan
a que, en canales propios y en acequias,   280
puedan correr sus ondas domeñadas,
dando el impulso a máquinas y ruedas,
ya de martillos, que el metal ablandan,
ya de dos piedras, que los granos muelan,
ya de las bombas, que el pensil rocíen,   285
ya de los mallos, que en papel conviertan
el lienzo liquidado…,[54] todo vive,
por todas partes el estruendo suena
de talleres, de fraguas y batanes;
las dríadas[55] retozan y nereidas,[56]   290
todo en la tierra se avasalla al hombre,
él es un rey, y el arte es su diadema.

---

[54] Viera elimina la referencia de Delille a la futura impresión y publicación de su obra en papel vitela, cuyas técnicas de fabricación habían sido perfeccionadas unos años antes por François Ambroise Didot en colaboración con los papeleros del pueblo de Annonay, en Ardèche. Escribe el poeta francés: «Là pour l'art des Didot Annonay voit paroître / les feuilles où ces vers seront tracés peut-être» (Jacques Delille, *L'homme des champs…*, p. 82 [canto III, vv. 369 y 370]). Sobre la fabricación del papel vitela en Annonay, véase el artículo de Albert Labarre, «Didot (les)», en Universalis.fr, en línea: <https://www.universalis.fr/encyclopedie/didot-les>.

[55] Ninfas que presidían bosques y selvas, como ya se dijo.

[56] Nereidas o Ninfas del mar, como ya se indicó.

De la urna también de las náyades[57]
las fuentes saludables se destellan,
que a Pales, Flora,[58] Ceres y Pomona[59]   295
dan toda la hermosura y la opulencia.
En los campos de climas encendidos,
donde la grama sin verdor se seca,
porque avaras las nubes no le envían
sino rocíos, que en vapor se elevan,   300
nace un arroyo: sí, mas, ¡ah!, que un monte
correr hacia esta parte no lo deja.
¿Y qué harás tú? Emprende una conquista,
lleva tus gastadores, dales priesa,
para que a golpes fuertes, redoblados,   305
en la mole compacta abran la brecha...
Caen los escombros ya; se van sacando
en brazos de las largas parihuelas,
que se llenan, se cargan, se vacían,
para que vayan, lleguen, tornen, vuelvan...   310
En fin, se abre la mina y ya las aguas
con alegre mormullo salen diestras
y las ve la náyade estupecida[60]
correr vivaces y que en su carrera

---

[57] Hijas de Júpiter. Presidían ríos y fuentes y eran reverenciadas como deidades.

[58] Diosa de las flores y de la primavera.

[59] Diosa de las frutas y de los jardines.

[60] Se lee en Bernardo de Gordonio, en el libro II, cap. XXI que trata de la embriaguez: «Lo segundo, debéis entender, que muchas otras son las que hazen cosas semejantes a la embriaguez. Assí como cerbeza, o madroños, o neguilla, quando está en el pan, que torna a la persona soñolenta y estupecida, assí como embriagado, por la muchedumbre de los vapores» (Bernardo de Gordonio, *Obras de Bernardo de Gordonio, insigne maestro, y doctor de medicina, en que se contienen los siete libros de la Práctica o Lilio de la Medicina*, Madrid, Antonio Gonçález de Reyes, 1697, p. 92).

todo renace y reverdece todo,   315
pagando así tan venturosa empresa.
　　En la célebre cima, cuyos valles
al astro de la luz miran de cerca
las auras, ya del mar, ya de la cumbre
por mañana y por tarde los refrescan,   320
con ligero trabajo aquellos hombres,
según riego les dan, o se lo niegan,
forman a voluntad, en su distrito,
de las cuatro estaciones la influencia.
Junto a un árbol sin hoja, florece otro;   325
junto al árbol florido, otro se encuentra
con el fruto maduro, y en un día
dan y prometen, tienen ya y esperan…
Sitios amables, donde el cielo puro,
sin nubes ni nublados, todo alienta,   330
y donde la labranza encantadora
corrige al cielo y la Naturaleza.
　　Si hallas que algunas aguas rebalsadas
a Pomona y a Ceres de allí alejan,
y que otras, libres con bullicio loco   335
sin designio ni rumbo, a correr echan,
tu país te convida a una obra ilustre;
abre un largo canal y en él concentra
todas aquesas aguas caprichosas,
y verás, con gloriosa complacencia,   340
subir y descender por sus llanuras
las barcas traficantes y ligeras,
que los frutos del suelo más remoto
conducirán con fausto a tus riberas.
Todo interés con ellas se univoca,   345
las faltas y abundancias se compensan,
los bienes son comunes y, en el globo,
los pueblos se unen, las distancias cesan.

Un ejemplo feliz de estos encantos,
con magia tan sagaz como estupenda,   350
dio a la Francia Riquet[61] para su gloria
pues, mandando en las aguas, nos presenta
sobre puentes los ríos en el aire,
los bajeles, que intrépidos navegan,
los caminos, debajo de los montes,   355
las rocas, como bóvedas, dispuestas
a recibir por subterráneos cauces
cien Aquerontes[62] que, en la parte opuesta,
salen a unos Elíseos fortunados[63]
de amenos prados y feraces huertas;   360
acobárdase el río, al encontrarse
sobre un monte elevado, y se sosiega
al descubrir que puede, poco a poco,

---

[61] En 1666, Pierre-Paul Riquet apostó todo lo que tenía, incluso las dotes de sus hijas, en el éxito comercial del Canal du Midi, una vía fluvial de 240 kilómetros de extensión que conectaba el río Garonne con el Mediterráneo y creaba de esa manera un atajo entre este último y el océano Atlántico. La verdadera recompensa de Riquet no se produjo hasta 1996, cuando se declaró el canal Patrimonio de la Humanidad por la UNESCO. Ver, también, nota de Viera al respecto.

[62] El río Aqueronte o Aquerón se sitúa en el Epiro (zona noroccidental de Grecia). Se creía que era una bifurcación del río del inframundo Aqueronte, por el que en la mitología griega Caronte transportaba las almas de los muertos hasta el Hades. En sus aguas todo se hundía, salvo la barca de Caronte. En *Fedón*, Platón considera el Aqueronte el segundo mayor río del mundo, superado únicamente por el Océano, y señalaba que el Aqueronte corría en dirección opuesta desde el Océano por debajo de la tierra, bajo lugares desérticos. En la *La Divina Comedia*, el Aquerón constituye el borde del infierno.

[63] Los poetas «fingen que reina una continua primavera» y las almas de los bienaventurados gozan de una felicidad perfecta y durable, según Chompré.

atravesando sólidas compuertas,
aprender a bajar hasta los valles 365
por una suave y plácida escalera;
recorrer las más fértiles campiñas,
y llevar hasta el puerto las barquetas.
Obra inmortal que, siendo vencedora
de los campos, las aguas y las sierras, 370
une, para el comercio, los dos mares,
que los dos mundos unen y encadenan.[64]
Suelen ser destructores muchas veces
estos ríos tan mansos; así es fuerza
que reprimas sus furias, pues ya Ovidio[65] 375
te lo ha dado a entender en este emblema.[66]
Aqueloo,[67] pues, saliendo de su margen,
arrastraba con aguas turbulentas
las mieses rubias, las manadas ricas,
las chozas pobres y las altas cercas. 380
Espántanse los campos y afligidos
a Hércules[68] llaman; Hércules ya llega;

---

[64] [N. A.]: Descripción del famoso Canal de Languedoc, por medio del cual se junta el Mediterráneo al Océano. Emprendiolo en 1616 Paulo Riquet, y se concluyó en 1680.

[65] Publio Ovidio Nasón (43 a. C.-17 d. C.). Las obras más conocidas de este poeta romano son *Ars Amandi* y *Las metamorfosis*, que recoge la mitología de su época.

[66] [N. A.]: Ovidio, Metamorph., lib. IX.

[67] queloo, río de Etolia, el mayor de Grecia, y dios de este río. En mitología era hijo del Océano y de Tetis, y, según otros autores, del Sol y de la Tierra.

[68] Aqueloo está relacionado con el ciclo de los Doce Trabajos de Heracles (Hércules). Según la descripción de Chompré, que coincide con el poema, peleó contra Hércules y quedó vencido. Inmediatamente tomó la forma de una serpiente, siendo derrotado por segunda vez; después se convirtió en toro y, entonces, Hércules le agarró por las astas, le echó a

se arroja al río y, con nervosos brazos,
reprime sus hervores y lo estrecha
a entrar de prisa en la profunda madre.   385
Viéndose subyugado, se impacienta,
toma de una serpiente la figura,
silba, se enrosca, enreda y desenreda
las lazadas y anillos de su cola
y bate con espumas las riberas...   390
Observa esta mudanza mal sufrido
el siempre valeroso hijo de Alcmena,[69]
y la agarra, la oprime, la sofoca,
arroja sus reliquias a la arena
y le dice: ¿Te olvidas que en mi cuna   395
fue ya mi juego debelar culebras?[70]
      Más y más enojado el terco río
osa vengarse de la doble afrenta
y, transformado en un terrible toro,
agita el aire con su audaz cabeza.[71]   400
Por los ojos despide vivas llamas,
muge y, mugiendo, todo el valle tiembla.
Hércules le acomete sin asombro,
lo provoca al combate, lo atropella,
bajo sus pies lo pone y, apretando   405
con la rodilla la cerviz soberbia,
una punta le arranca, victorioso,
de la amenazadora cornamenta.
Al instante las ninfas y silvanos,
viendo libres sus sotos y sus vegas,   410

---

tierra y le arrancó una de ellas. Dio a su vencedor el cuerno de Amaltea o
de la abundancia, para que Hércules le devolviese el suyo.

[69] Madre de Heracles (Hércules).

[70] Referencia a la propia biografía de Heracles.

[71] Alusión al episodio antes citado.

al vencedor coronan con guirnaldas,
le presentan alegres sus ofrendas
y, al admirar la bella cornucopia,
de flores y de frutas la rellenan.
¿Quién en esta serpiente, en este toro,   415
no ve de algunas aguas las molestias?
Hasta que el arte, como fuerte Alcides,[72]
con diques y murallas las domeña,
y las hace llenar de suaves frutos
el cuerno de abundancia y de Amaltea.[73]   420
Sorpréndenos con tales maravillas
el bátavo, que opone una barrera
al proceloso océano; allí el roble,
no ya como plantado en la floresta,
cuando con verde copa resistía   425
la rigidez del frío y la tormenta,
sino desnudo y puesto en la estacada,
que hace a Neptuno[74] insigne resistencia
y frustra sus ataques y sus iras.
Allí de juncos una gran trinchera,   430
por tan débil y dócil poderosa,
aguarda en las orillas la violencia
de las olas que braman y las burla,
cediendo al golpe, en desigual pelea.
De aquesta lucha, un territorio nace,   435
que se mira salir, no sin sorpresa,

---

[72] Es decir, el propio Hércules, a partir del nombre de Alceo, su abuelo.

[73] Amaltea es el nombre de la cabra que dio de mamar a Júpiter, quien en recompensa la puso juntamente con sus cabritos en el Cielo, y, como dice Chompré, dio uno de sus cuernos a las ninfas, que le habían criado en su niñez, el cual tenía la virtud de producir lo que ellas quisiesen. Le llamaban el cuerno de la abundancia.

[74] Es decir, al mar.

por debajo del mar, que ha cautivado,
y el que sobre este piso se pasea
oye que, encima de él, va resonando
el rugido que causan las mareas,   440
siendo aquel campo todo obra del arte,
y todo el arte, magia de hechicera.
    Algún terreno alguna vez se ha visto
que, cimentado sobre flaca greda,
hacia un pantano undoso se desliza   445
y va nadando hasta la orilla opuesta.
El nuevo poseedor, al otro día,
se pasma al contemplar, cuando despierta,
este nuevo dominio; al mismo paso
que los dueños antiguos se lamentan,   450
al ver que ha huido de ellos, desdeñosa,
de sus mayores la querida herencia.[75]
    Enternécete, musa, y canta ahora
los sentimientos de la hermosa Egeria,[76]
feliz en su desgracia; al pie de un monte   455
de la tierra de Escocia, un lago queda,
sobre cuyo elemento andan a nado
muchas islas anfibias, siempre inquietas.
El padre, pues, de Egeria poseía
una de estas islitas, la más bella,   460
graciosa flor, vagante sobre la onda,
al modo que Calímaco[77] diseña,

---

[75] [N. A.]: Los papeles públicos anunciaron un acontecimiento semejante, sobrevenido en la isla de Wight, una porción de la cual se abismó
con caseríos y arboledas.

[76] En época de Viera se la define como una musa de singular hermosura, a quien Diana convirtió en fuente. Las mujeres romanas le realiza-
ban sacrificios para dar a luz con felicidad. En este caso, la protagonista
del relato toma el nombre de la deidad citada.

la que fue de Latona[78] grato asilo
y cuna de los dioses en la Grecia.[79]
Se había formado con el lento auxilio   465
de los siglos, los vientos, las cortezas,
las raíces, las ramas, los escombros,
los cascajos, sargazo y polvareda,
sobre cuya fluctuante superficie
prados había, cañas y mimbreras.   470
Tan sola una manada de cabritas
allí apastaba, y la pastora era
Egeria misma, que las conducía
con su cayado, reducida hacienda,
mas el pobre con poco se cree rico;   475
así solía su padre, con terneza,
decirle: ¡Ay, hija mía, fiel retrato
de tu madre, de entrambos dulce prenda!
Tu dote habrá de ser –yo te lo juro–
este ganado todo, esta isla entera.   480
    En la parte del lago fronteriza
era dueño de un prado y arboleda
Dolón,[80] zagal que amaba a la pastora,
feliz si el padre de la leal doncella
no la hubiera ofrecido ya a otro esposo;   485

---

[77] Pintor, escultor y orfebre activo en Atenas, en el siglo V a. C. Tenía fama de minucioso y detallista.

[78] Alusión a la isla de Delos, creada por Júpiter (Zeus) en medio de las aguas para que se refugiara Latona, a quien amaba. Fue madre de Apolo y de Diana. La isla de Delos, en el Egeo, según añade Chompré, se «movía a arbitrio de los vientos».

[79] Alusión al lugar de nacimiento de Apolo y Diana, la citada isla de Delos.

[80] Nombre de un guerrero troyano, extremadamente rápido en el correr, que fue muerto en campo enemigo, al que había ido como espía.

pero el Amor, con ingeniosa treta,
los compensaba de esta suerte amarga
pues, llenas de benigna complacencia,
las corrientes llevaban y traían
de él las manzanas y las flores de ella.   490
Más de una vez Dolón en su barquilla
visitaba, a la aurora o a la siesta,
la islilla afortunada, y nadie ignora
que Amor ama las islas; no era esta
como aquella que, Armida encantadora,[81]   495
con su mágica vara dio existencia;
otro hechizo más dulce aquí reinaba;
verse y amarse, irse y dar la vuelta.
En fin, Cupido,[82] más piadoso, quiso
con una prodigiosa estratagema,   500
unir su suerte, como unió sus almas.
Entre todas las ninfas, que veneran
las claras ondas, la más bella es Doris,[83]
pues hacen vanidad de sostenerla,
la van sirviendo con susurro blando   505
y la abrazan con ansias halagüeñas.
Eolo[84] la adoraba; mas la ninfa
cruel desdeñaba sus caricias necias,
y sus suspiros, que huracanes causan.

---

[81] La leyenda de Armida es una de las muchas historias que Torcuato Tasso incluyó en *La Gerusalemme Liberata* (1581). Vid. *Jerusalén libertada, traducción de Bartolomé Cairasco de Figueroa*, edición, prólogo y notas de Alejandro Cioranescu, Santa Cruz de Tenerife, 1967.

[82] Eros griego, hijo de Marte y Venus, representa el amor.

[83] Hija del Océano y Tetis. Se casó con Nereo, su hermano, y tuvieron cincuenta ninfas, las Nereidas. Alusión al mar. Referencia en Égloga Décima de Virgilio (*Doris amara*).

[84] Dios de los vientos.

El Amor va hacia él y así le arenga: 510
«Ha mucho tiempo que la Egeria hermosa
de Dolón es amada, mas su estrella
dispone que su padre inadvertido
a otro distinto amante la prometa.
Ven a ayudarme: haz que una borrasca   515
al campo de Dolón lleve la isleta,
pues sé que se unirán sus corazones,
si se llegan a unir sus conveniencias;
y, en premio de un servicio tan ilustre,
a Doris te daré, mía es la oferta».   520
    Eolo, con tal premio lisonjeado,
sirve amante al Amor y con presteza
manda silbar al aire, el agua agita,
las olas espumosas se sublevan,
y con recios bramidos la isla empujan…   525
Tempestades de amor son muy violentas.
Desde la orilla Egeria lacrimosa,
en vano daba voces a su tierra,
que ingrata se alejaba, y por un rato
injusto fue su pecho; ella recela   530
perder su amante, si perdía su dote…
No amable virgen, no, eso no temas,
porque la antigua alianza es conocida
del ciego Amor y la Fortuna ciega,
y ambos son los pilotos de tu islita,   535
que al campo de Dolón con pausa llega.
    Él allí estaba triste, pensativo,
sufriendo el huracán, viendo con pena
el viaje de los árboles flotantes.
Mas, ¡ah!, ¡cuál fue su admiración extrema,   540
al ver que se acercaba a sus dominios
la isla querida, la isla de su Egeria!

Con los ojos él mismo la remolca,
teme que algún escollo la detenga,
hasta que, al fin, una ola más activa   545
la pone entre sus brazos y él la aprieta.[85]
Dolón recorre los dichosos sitios,
la cabaña querida y la pradera,
busca si el temporal ha respetado
las flores que plantó la blanca diestra;   550
o bien si, en las cortezas de los sauces,
las cifras de sus nombres se conservan.
No mira, ni remira tan ansioso
el aire, las facciones y las señas
de un amigo cordial, el otro amigo,   555
después de una fatal y larga ausencia.
    Así que el lago estuvo más en calma,
toma la barca y presuroso rema
a la otra playa, en donde Egeria estaba
lamentando la pérdida tremenda   560
de su alhaja dotal; el dolor mismo
la daba la hermosura que interesa.
Dolón al padre anciano abraza humilde,
a los pies de la madre se prosterna,
y esto les dice: «Si el destino infausto   565
de todos vuestros bienes hizo presa,
él os da ya los míos: vamos, vamos…».
Van con efecto y, cuando ya se acercan,
Egeria exclama: «Vedla allí… No hay duda».
Dolón le dice: «Tu isla amada es esta;   570
el huracán te la robó mañoso,
pero mi Amor la pone a tu obediencia.

---

[85] «Apreta» en el original.

Los benéficos dioses la han unido
a esta mi antigua posesión paterna;
ojalá que nos una desde ahora   575
un himeneo con lazada estrecha».
Dijo; la madre llora, otorga el padre,
Egeria con rubor la mano acepta;
mas pide que su tierra favorita
con la figura de isla se mantenga.   580
Uniola un puente con la tierra firme,
resistiendo a las olas turbulentas;
así la isla errante un freno tuvo,
que le da sobre el lago la firmeza,
un asilo la dicha en este mundo,   585
y el Amor otra Delos[86] más pequeña.

---

[86] Referencia a la isla de Delos, ya citada.

Canto III

Cuanto me encanta aquel mortal dichoso
que, con inclinaciones peregrinas,
a un mismo tiempo, para gloria propia,
sus campos y su espíritu cultiva.
Solo él goza de todo; el ignorante,⠀⠀⠀⠀⠀⠀5
indiferente a lo que incauto mira,
en medio de unas obras portentosas,
subir hasta su autor jamás atina.
No se hicieron para él los grandes cuadros
que formó con tan plácida armonía⠀⠀⠀⠀⠀10
el Divino Pintor; no sabrá nunca
por qué ocultos canales, por qué fibras
de la raíz al tronco, al gajo, al fruto,
la savia asciende y suavemente gira;
ni cómo halla la luz siete colores,⠀⠀⠀⠀⠀15
si le da paso un cristalino prisma.

A sus flores extraño y a sus plantas,
ni nombres, ni virtudes, ni familias
de ellas conoce; con su torpe mano,
al ruiseñor, que en la arboleda anida,   20
le roba los polluelos, y les roba
a los días de abril la melodía.
Sí, solamente el hombre instruido sabe
disfrutar de los campos las delicias,
pues la Naturaleza solamente   25
sabe existir para el naturalista.
   Tú, que cumpliste ya con los deberes
a que tu empleo y casa te precisan,
ocupa los instantes que te sobran
en adquirir ideas exquisitas,   30
que puedan divertir tus gratos ocios,
redoblando tus gustos y tus dichas.
Tres reinos a tus ojos se descubren,
y puedes aspirar a su conquista.[87]
Vamos, cojamos juntos los tesoros,   35
que nos promete aquesta presa opima.
¡Qué variedad en sus aspectos raros!
¡Y en ellos qué elegancia, qué pericia!
Ya el verdor fresco de la espesa grama;
ya de arroyuelos mil, que se deslizan,   40
el mormullo halagüeño; ya la gracia
de las dispersas cónicas colinas;
ya de los bosques, densos y profundos,
la soledad y majestad sombría.
Allí, los arenales infructuosos,   45
juguete de aquilones y de brisas;

---

[87] Se trata de una alusión de los tres reinos de la naturaleza: el reino vegetal, el reino animal y el reino mineral.

aquí, los precipicios más horrendos,
las quiebras, los barrancos y las simas
que nos presentan, con sublime espanto,
de un mundo devastado las reliquias;   50
y en todas partes, con extraña mezcla,
bienes y males, fábricas y ruinas,
para explicar las causas no acudamos
al genio bueno o malo que imagina
el fatuo maniqueo;[88] es mejor genio   55
el de Buffon[89] y su filosofía.
En otro tiempo –dice– un gran diluvio,
la transgresión del mar y la improvisa
declinación del eje de la Tierra,
dieron al globo faz que no tenía   60

---

[88] Referencia a la doctrina maniquea y, posiblemente, a la clásica crítica de San Agustín al respecto.

[89] Georges Louis Leclerc, conde de Buffon (1707-1788). Naturalista, matemático, cosmólogo y escritor francés. Sus ideas influyeron en las posteriores generaciones de naturalistas, incluyendo a Lamarck y a Darwin. Con 26 años, entró en la Academia de las Ciencias de París y, a partir de 1749, fue el intendente del Jardín del Rey, en la misma ciudad. Su nombramiento fue fundamental para el enriquecimiento de las colecciones y la transformación del establecimiento en un espacio de intercambios científicos. Entre sus obras más destacadas conviene mencionar la obra *Histoire naturelle générale et particulière*, que se publicó en París a partir de 1749. Los quince primeros volúmenes de esta obra, de un total de treinta y seis, son el fruto de una colaboración con Louis-Jean-Marie Daubenton (1716-1800). Para una breve biografía del conde de Buffon, véase Académie française, Les immortels: «Georges-Louis Leclerc, comte de Buffon. N° 215», en línea: <https://www.academie-francaise.fr/les-immortels/georges-louis-leclerc-comte-de-buffon>.

pues, desgarrado en piezas y en escombros,
creyó el Caos[90] cobrar su suerte antigua.
En donde estuvo un llano, quedó un monte;
en donde un monte, una feraz campiña,
el que era mar a tierra se redujo   65
y en mar se vio la tierra convertida.
De aquí tantas florestas subterráneas,
los carbones, betunes y piritas,
que dan a los volcanes alimento;[91]
las camadas, las vetas y las minas,   70
que de un mundo arruinado encima de otro,
al buen observador la tumba indican.[92]
    También puedes hallar los sedimentos
que han dejado, con huellas más prolijas,

---

[90] Como escribió Ovidio (*Metamorfosis*, I, 5-10), «antes del mar, y de la tierra, y del cielo que todo lo cubre, en toda la extensión del orbe era uno sólo el aspecto que ofrecía la naturaleza. Se le llamó Caos; era una masa confusa y desordenada, no más que un peso inerte y un amontonamiento de gérmenes mal unidos y discordantes».

[91] [N. A.]: Según muchos célebres físicos, parece que no son los bosques enterrados y carbones fósiles las únicas materias propias para mantener los fuegos subterráneos. Lémery, Homberg y otros consiguieron con una mixtura de azufre, hierro y agua efectos semejantes a los de los volcanes. La Tierra encierra montones considerables de piritas, que el agua sola suele inflamar. El ácido vitriólico, si se combina con el hierro, produce un gran calor y mucho gas inflamable que, encendiéndose fácilmente, puede causar fuertes explosiones.

[92] Referencias a los fósiles. El término procede del latín *fodere* ('excavar') y fue empleado por Plinio ya desde el siglo I de nuestra Era. Posteriormente, en el siglo XVI, Agrícola recupera el término, referido tanto a restos orgánicos como inorgánicos. El británico Lyell los definió como restos de antiguos organismos que vivieron en otras épocas, y que pasaron a estar integrados en rocas sedimentarias.

tantos ríos que, errantes en su curso,   75
pagan al mar pensiones cristalinas.
Van a rastras con ellas materiales
de condición y gravedad distinta
que, en bancales y lechos paralelos,
con uniformidad se depositan.   80
Dejan allí las plantas estampados
sus lineamentos, con firmeza invicta,
y entre ellos vemos extranjeras plantas
que habían llegado de lejanos climas;
tanto una lenta, pero estable causa   85
para el sabio produce maravillas.
    En otra parte, un ojo atento advierte
las reliquias y estragos de una villa.
Dime, ¿cuál fue la causa?... ¡Ah! Que los viejos,
el terreno y las aguas te lo digan.   90
En las concavidades de su suelo,
por las grietas de rocas mal unidas,
el frío invierno había escondido avaro
las lluvias en que el cielo se liquida.
Rico y soberbio aquel hidrofilacio   95
su oscuridad le enoja y vano aspira
a ser un riachuelo; desmorona
los estribos y bóvedas macizas
y, de repente, con estruendo infausto,
se hunde la tierra y cuanto en ella habita.   100
Las aguas, rebozando, se sublevan,
lo inundan todo, todo lo desquician,
y árboles, mieses, piedras, casas, chozas
pierden su asiento y vagan peregrinas,
siendo medallas de este cruel desastre   105
las ramblas, las cañadas y la ermita

que, sobre los escombros fabricada,
al viajero le cuenta estas noticias.[93]
Allá descubres unas sierras arduas
donde, quebrando sus copiosas hidrias,   110
las Pléyades[94] lluviosas lagos forman
con los grandes torrentes y avenidas,
que la tierra le roban, y solo nubes
cubren la calva de su adusta cima.
Aquesta tierra virgen, descendiendo   115
desde las altas cumbres primitivas,

---

[93] [N. A.]: En esta línea es uno de los ejemplos más notables el del pueblo de Pleurs en la Valtelina, al pie del monte Conto. El 6 de octubre de 1718, después de unas lluvias copiosas, estando la noche serena, se desplomó de improviso una colina y lo abismó, quedando sepultadas 2430 personas. Igual estrago hizo en el lugar llamado Schilano, y los escombros cubrieron una legua en cuadro, quedando el río en seco. Hállase la noticia de esta catástrofe, con sus estampas, en la Historia Natural de la Suiza por Scheuchzer. // Se refiere a Johann Jakob Scheuchzer (Zúrich, 1672-1733), médico y naturalista suizo a quien se conoce, sobre todo, por la teoría del Diluvio, esto es, la interpretación de los fósiles como restos del diluvio universal. Entre sus obras destacan *Beschreibung der Natur-Beschichten des Schweizerlands: erster Theil*, Zúrich, in Verlegung des Authoris, 1706; *Hydrographia Helvetica: Beschreibung der Seen, Flüssen und Brünnen, Warmen und kalten Bäderen und anderen Mineral-Wasseren des Schwitzerlands: der Natur-histori des Schweizerlands: Zweyter Theil*, Zúrich, in der Bodmerischen Truckerey, 1717; *Operis agrostographici idea seu graminum, juncorum, cyperorum, cyperoidum, iisque affinium methodus*, Zúrich, typis Bodmerianis, 1719; *Ourhesiphoités helveticus sive Itinera per Helvetiæ alpinas regiones...*, 1723; *Herbarium diluvianum*, Leiden, Sumptibus Petri Vander Aa, , Bibliopolae, Civitatis atque Academiae Typographi, 1723; *Physique sacrée, ou Histoire-naturelle de la Bible, traduite du latin de Mr. Jean-Jaques Scheuchzer...*, Ámsterdam, Pierre Schenk, Pierre Mortier, 1732-1737, y *Bibliotheca scriptorum historiæ naturalis inservientium: Historiæ naturalis helvetiæ prodomus*, Zúrich, Typis Heideggeri & Soc., 1751, entre otras.

[94] Hijas de Pléyone y Atlante que fueron convertidas en estrellas.

altera su pureza en la llanura,
con varias vetas, que el curioso admira.
　　También el huracán lo muda todo:
vedlo volar, con rapidez maligna,　　　　　　120
por las olas de polvo que levanta
y, llevando en las alas, con que silba,
la noche, el rayo, el trueno y sobresalto,
barre la selva, el prado, la alquería;
hace salir los ríos de sus madres,　　　　　125
manda que el mar propase sus orillas,
sepulta un campo bajo de otro campo,
muda el cerro arenoso, y aturdida
llora la Tierra, en hábito de luto,
su risueña hermosura, ya marchita.　　　　130
　　No menos impetuoso y devorante
el fuego en las catástrofes se explica,
pues tiene sus torrentes el Vesubio,
como el Etna borrascas en Sicilia.
Encierra el globo senos formidables　　　135
de azufre, de betún y marcasitas[95]
que a veces, fermentando, el aire inflaman,
hacen hervir el agua, y de sus criptas
rompiendo por los flancos del collado,
se echa sobre las vegas más floridas;　　　140
imagen del volcán que, allá en el alma,
suele encender con explosión la ira,
afeando el semblante más gracioso
y turbando la mente más tranquila.
¿Ves estas peñas casi calcinadas　　　　　145
y aquellas tierras, todas renegridas?
Ellas te dan indicios de que fueron
teatro de un incendio en otros días.

---

[95] Piritas.

Los siglos lo aplacaron, y ahora exponen
Baco sus uvas, Ceres sus espigas   150
sobre esta verde loma, que conserva
al lado opuesto señas todavía
del curso de la lava destructora,
cuyas líquidas masas, cuando frías,
de improviso quedaron mal colgadas.   155
   ¡En tan triste desastre, qué averías!
¡Cuántos ríos secaron sus raudales!
¡Cuántos cerros rodaron! ¡Cuántas islas
salieron de las ondas! ¡Cuántos pueblos
perecieron del todo, sin que exista   160
para nosotros la menor memoria!
Quizá un día vendrá –no es ficción mía–
en que los labradores de una aldea,
rompiendo con su arado la campiña,
encuentren de repente en sus entrañas,   165
llenos de espanto, una ciudad hundida,
circos, palacios, pórticos y templos,
monumentos de sabios y de artistas.
Hallarán hombres, cuyos ademanes
no son sino de gentes que están vivas   170
y que huyen del incendio: el uno lleva
por la mano a su esposa y a su hija;
otro saca su oro; otro recoge
sus papeles, que más que el oro estima;
otro carga sus lares y penates;[96]   175
otro, con una acción no menos pía,
lleva en sus hombros a su padre anciano,

---

[96] Dioses domésticos. Se les representaba mediante estatuas pequeñas a las que se reverenciaba en las casas.

y otros, en fin, en grata compañía,
coronados de flores a la mesa,
con la copa en la mano, el licor brindan...   180
simulacros fugaces que, al instante,
los aires exteriores apolillan.[97]
¡Oh cara patria mía!, ¡oh campo ameno!,
en donde la atención meditativa
lee los fastos del tiempo, y ve grabadas   185
con tres volcanes épocas distintas[98]

---

[97] [N. A.]: Alude todo esto a los descubrimientos de las ciudades de Herculano y Pompeya, que una erupción del Vesubio había sepultado. // Las ciudades de Pompeya y Herculano, en la región de Campania (cerca de la actual ciudad de Nápoles), fueron enterradas por la erupción del Vesubio que tuvo lugar el año 79 d. C. Gruesas capas de ceniza cubrieron las ciudades, hasta que fueron redescubiertas en 1738 (Herculano) y, diez años después, Pompeya. Carlos III, a la sazón Carlos VII de Nápoles, ejerció el patronazgo de las excavaciones y visitó los trabajos con frecuencia. Viera se refirió también a estas ciudades en su ORACIÓN FÚNEBRE de Nuestro Católico Monarca el señor D. CARLOS III, que en la Iglesia del Seminario Conciliar de la Ciudad del Real de Las Palmas, dijo el día 17 de marzo de 1789, a la Real Sociedad Económica de Amigos de la Gran Canaria, D. JOSEPH DE VIERA Y CLAVIJO, *Arcediano de Fuerteventura, Dignidad de la Santa Iglesia Catedral de Canaria, Individuo de la Real Academia de la Historia, socio de mérito de la misma Real Sociedad Económica de Amigos de la Gran Canaria, y de honor de la de Tenerife, Historiógrafo de estas Islas,* etc. CON LICENCIA. En la Ciudad de La Laguna, capital de la Isla de Tenerife: por Miguel Ángel Bazzanti, impresor de la Real sociedad, año 1790.

[98] Al borrar del poema Viera la referencia a la llanura de Limagne, en el centro de Francia, se elimina la posibilidad de entender que Delille se refiere a los volcanes franceses del Macizo Central: «O ma chère patrie! Ô champs délicieux / où les fastes du temps frappent partout les yeux! / Oh! s'il eut parcouru cette belle Limagne, qu'il eût joui de voir dans cette même campagne / trois âges de volcans que distinguent entr'eux / leurs courans, leurs foyers, et des siècles nombreux!» (Jacques Delille, *L'homme des champs*..., p. 104 [canto III, vv. 185-190]). En los versos anteriores, el poeta

de siglos numerosos, ve las lavas,
ve las corrientes, cráteres y hornillas;
ve los suelos que el mar había ocupado;
y los que el mar cubrieron a porfía   190
y, al ver estos sublimes monumentos
del trabajo de causas repetidas,
el mar sobre volcanes, y volcanes
sobre los hondos mares y las rías,
se confunde, se pierde el pensamiento   195
bajo el peso de edades infinitas.
    Toma de mármol un pequeño trozo.
¡Ah qué medalla! ¡Qué inscripción tan rica
de mil revoluciones memorables!
Es una piedra, sí; mas se deriva   200
de seres animados, pues su mole
se compone de conchas ya destruidas.
Mas ¿qué generaciones no pasaron
antes que se amasasen sus reliquias?
Bajo del agua cuántas, cuántas veces   205
con su inquietud el mar las rodaría,
las echaría sobre cerros altos,
el huracán al mar las volvería,
y, en dares y tomares padeciendo
vientos, olas, tormentas y porfías,   210
llegaron a ser rocas en un monte,
y estas rocas de mármol corroídas

---

francés aludió, sin nombrarla, a la obra *Époque de la nature*, donde el conde de Buffon hizo una descripción de la naturaleza sin haber viajado. A este respecto, véanse las notas 7, 8 y 9 que el poeta introduce al final de su obra (Jacques Delille, *L'homme des champs…*, pp. 199-201).

han soltado este trozo, hijo del tiempo,
que la historia del mundo lleva escrita.[99]
Un manantial de estudios y placeres   215
es de este mar la vasta monarquía;
sí, mar terrible, sí, ¿quién a tu aspecto
con temor y respeto no se humilla?
¡Qué impresión en mi infancia me causabas!
Mas yo, ignorante entonces, no veía   220
sino tu inmensidad, pero ella crece
cuando en ti su talento el hombre explica.
Porque ¿en dónde su ingenio más reluce
que en los bajeles, que tus aguas trillan,
correos de dos mundos, lazo estrecho   225
de los Estados que entre sí trafican?

---

[99] [N. A.]: Cuando se examinan los mármoles y las tierras calcáreas, se echa de ver que sus masas se componen de fragmentos de conchas, y que para formarlas empleó la Naturaleza los conductos y filtros de estos vivientes acuátiles, cuyas facultades digestivas tiene la virtud de transmutar el agua en piedra por medio de sus insudaciones. La imaginación se atemoriza al considerar qué prodigiosa cantidad de estos animalillos de conchas sería necesaria para la composición de todas las sustancias calizas, y por lo mismo ningún fenómeno de cuantos ofrece la Historia del Mundo ha asombrado tanto a los naturalistas. Ellos han encontrado inmensos bancales de conchas en casi todo nuestro Globo, en las montañas que están 500 toesas sobre el nivel del mar, y en las llanuras más distantes de la mansión natural de dichos vivientes, que suele quedar a 200 pies de profundidad. Todos los lechos de piedra calcárea, mármoles, espatos, yesos, etcétera parecen compuestos de fragmentos de animales testáceos, y estos lechos ocupan muchas leguas en cuadro y aun provincias enteras. Véase la Historia Natural del conde de Buffon. // Viera menciona la *Histoire naturelle* de Georges Louis Leclerc, conde de Buffon (1707-1788), en cuarenta y cuatro tomos, verdadero compendio del saber de su tiempo sobre las Ciencias de la Naturaleza. Su influencia en los estudiosos posteriores fue extraordinaria.

En tu profundidad, nuestras ideas
se hacen profundas; ellas se imaginan
que ven en tus abismos insondables
los restos de naciones aguerridas,   230
que desaparecieron con sus buques,
sus tesoros y tren de artillería.
Lineo[100] se zabulle y busca ansioso,
en tus vegetaciones peregrinas,
la flora de los mares, siempre oculta,[101]   235
que la tempestad sola echa a la orilla;
litófitos, madréporas, corales,
del pólipo del agua obra exquisita.[102]

---

[100] Carlos Linneo (1707-1778), científico sueco que sentó las bases de la taxonomía moderna. *Nomina si nescis, perit et cognitio rerum* (si ignoras el nombre de las cosas, escribió en 1755, desaparece también lo que sabes de ellas).

[101] [N. A.]: Aquí se trata de aquellas plantas que se crían en abundancia bajo del agua, sin el contacto inmediato del aire, o que solamente lo tocan por sus extremidades. No crecen en la mar alta, sino en las riberas, donde el sol las puede fomentar. El hombre, que de todo saca partido, ha hallado en algunas alimento para sí y para las bestias; en otras, cobertura para sus casas y para hacer vallados. De las de fibra fuerte y dócil, ha sabido torcer sogas. La medicina ha busca[do] remedios con buen éxito, y la industria ha sacado la sosa, etc. Esta vegetación marina favorece también la multiplicación de los pececillos, porque en ella se aloja una infinita muchedumbre de insectos, de que se nutren, y les da guarida contra los peces grandes, sus tiranos, pudiendo creerse que estos musgos sirven para purificar el aire, como las plantas terrestres. Arrojadas sobre las playas por los embates del mar, se pudren y sirven de mantillo y abono para la agricultura. En fin, algunos naturalistas han opinado que el carbón de piedra y la turba combustible fueron montones de estas mismas plantas, que por un efecto de las vicisitudes del mundo quedaron sepultadas en la tierra.

[102] [n. a.]: *Del pólipo del agua obra exquisita.* Después de las observaciones de Peyssonel, Réaumur, Jussieu, Spallanzani, etc., no puede ya dudarse que los corales, coralinas, padréporas, esponjas, litófitos, etc. no sean obras de

¡Cuán grandes ríos, bajo de tus ondas,
mantienen sus corrientes escondidas!   240
¡Y cuántos grandes ríos afamados
en tus ondas su curso finalizan!
Qué espanto da mirar los fuertes monstruos,
que nadando son rocas movedizas,[103]
o contemplar de tus vicisitudes   245
la procelosa inquieta alternativa;
la oscilación de flujos y reflujos,
tus pérdidas, cesiones y conquistas;
ver los volcanes, que arden en tu centro,
y que las sirtes trágicas vomitan;   250
los cabos, socavados por el golfo;
el golfo que, en su hondura desmedida,
tiene los Alpes viejos sepultados
y los futuros Alpes organiza,
mientras que nuestros montes y llanuras   255
a morar con los peces se aproximan;
cambios perpetuos de la tierra y agua,
que se disputan la soberanía
pues, donde rueda el carro, en otra era

---

varias especies de gusanos marinos, que se multiplican con una increíble abundancia, formando, con su propio sudor, las repúblicas en donde habitan. Las diferentes figuras de estos panales calcáreos y sus ramificaciones muchas veces semejantes a un arbolillo con su tronco, habían engañado a los antiguos naturalistas, quienes los tuvieron por legítimos vegetales. // Viera se refiere a los naturalistas Jean-André Peyssonnel (1694-1759), René-Antoine Ferchault de Réaumur (1683-1757), Bernard de Jussieu (1699-1777) y Lazzaro Spallanzani (1729-1799).

[103] [N. A.]: *Que nadando son rocas movedizas*. Entre las más monstruosas ballenas y cachalotes, se coloca otra bestia cetácea llamada *Kraken*, cuya existencia parece fabulosa si se atiende a las asombrosas dimensiones que le dan autores respetables. Del gran pulpo *Sepia Octopedia*, se dice también que llega a tener una magnitud increíble.

bogaba la velera navecilla   260
y, envejeciendo el mundo, con los viajes
del bullicioso Océano, no cuida
sino de disfrazar sus muchas canas,
a modo de una dueña presumida.
　　Dejando al mar y sus instables cuadros,   265
los arroyos y ríos te convidan,
no aquellos que cantar suelen mil veces
versejadores[104] con insulsa rima,
cuyos conceptos lánguidos, gastados,
envejecen las gracias de sus ninfas,   270
sino más bien aquellos, cuyas aguas
te presentan, con nobles perspectivas,
efectos y fenómenos curiosos,
ya cuando a ver sus cunas te encaminas,
ya cuando observas sus pausadas marchas   275
en vueltas y revueltas siempre oblicuas,
con ángulos entrantes y salientes,
por márgenes de sauces y charmillas.
　　Si te acercas a aquellos manantiales,
de nuestros males gratas medicinas,   280
¡qué comparsas verás, tristes o alegres,
de aquellos que anualmente las visitan!

---

[104] Aunque *versejador* es voz portuguesa, que significa coplista, también figura en castellano. Por ejemplo, en el *Diario de Madrid* (20-05-1795, p. 574), con sentido peyorativo igual que hace Viera: «…harto será que la langosta prosaica no robe a Vmd. el consuelo de haber acabado con la casta de los Versejadores o Coplistas». Asimismo, en el *Memorial Literario, Instructivo y curioso de la Corte de Madrid* (Marzo de 1796, t. XI, p. 344), se afirma al respecto: «No hay cosa más perjudicial a la Poesía que estos versejadores, que se juzgan superiores a las musas, y no son sino unas sabandijas del Parnaso».

El dolor y el placer allí se hermanan,
se junta con la pena la alegría,
el viejo chocho, con el loco joven,   285
y el histerismo con la hipocondría.
Llega a curar sus pálidos colores
la bella dama; a aliviar su herida
el buen guerrero, y el glotón doliente
a expiar de su mesa las delicias;   290
todos quieren sanar, mas también quieren
que todos se lastimen de sus cuitas.
Durante las mañanas, se pasea
esta triste y llorosa comitiva
pero, en anocheciendo, ya se escucha   295
el juego, el baile y música festiva,
pudiéndose creer que el negro Averno[105]
con el Elíseo[106] allí se identifica.
Subiendo de las fuentes a los montes
iremos a encontrar puntos de vista   300
que atónitos nos dejen y, situado
sobre tan altas y agrias serranías,
creo oír al ingenio, que convoca
las artes del buen gusto descriptivas.
Llega el pintor y busca, entre las quiebras,   305
de mil colores las variadas tintas,
las masas de la luz y de la sombra;
llega el poeta y siente que se agitan,
con mejor entusiasmo sus ideas;
llega también el sabio y examina   310
de aquellas poblaciones montaraces
las costumbres ingenuas y sencillas

---

[105] Tártaro, infierno.
[106] Edén, paraíso.

donde, viviendo libres y con gozo,
el águila y el hombre se eternizan.
Los anales del mundo allí repasa: 315
reconoce unos montes, obra antigua
de los antiguos mares; otros montes,
obra del fuego, y otros que le indican
haber nacido con el mismo globo.
Lechos advierte, verticales filas,   320
tierras horizontales o inclinadas,
anfiteatros de las peñas vivas,
renegridos basaltos, altas rocas
de granito, de espato, cuarzo y mica,
en hojas las pizarras y en canteras   325
los mármoles, los jaspes y dendritas,
trabajos misteriosos en que el tiempo,
Dios y Naturaleza augustos brillan.
   A esta Naturaleza allí la veo,
ya muy risueña y llena de caricias,   330
con verdores y flores que la alegran,
ya fiera, varonil, áspera, arisca,
desdeñando las gracias y guardando
del primitivo Caos las desidias.
Aquí, una fuente, tímida y modesta,   335
de su naciente débil se desliza;
y allá, con gran mormullo, se despeña
de una cascada la espumosa linfa…
Salud, pomposos Jura y Montanvert,[107]

---

[107] [n. a.]: El monte *Jura* es uno de los principales ramales de los Alpes, que desde la *Cluse*, cerca del lago de Ginebra, toma su dirección hacia el norte, entre la Francia y la Suiza. Del *Montanverts* hace Bourrit la descripción siguiente: «Entre la Francia y la bella Italia veo reunidos los horrores de los dos polos del Mundo, y la imagen de la Naturaleza al salir del Caos. Montes descarnados y desgarrados de arriba a bajo; hendeduras

que con el hielo y nieve endurecida,   340
del templo del invierno sois columnas,
en cuyas azuladas altas piras,
para decoración de su grandeza,
la púrpura y el oro el sol matiza.
No, no, jamás tan excelentes cuadros,   345
ni tan graves escenas que horripilan,
dejarán a los ojos en descanso,
ni al pensamiento sin sublimes miras.
Pero, desventurado el mortal necio
Que, si por vuestros páramos transita,   350
se atreve a hacer estruendo con la carga
de su boca de fuego inadvertida.
¡Ah! ¡Cuántas veces de una débil causa
efectos formidables se originan!
Basta que un pajarillo se repose   355
en esa altura y que, con sus patitas,
desprenda de la nieve algunos granos,
para que estos con otros formen liga,
sigan tomando aumento a cada instante
y que rueden, con rápida caída,   360
en mayor peso y masa… Gime el aire,
desplómase con fuerza repentina
de inviernos mil la carga amontonada;

---

y roturas, que amenazan con entrecejo a los cielos, y unas cimas canosas, que desafían el furor de los elementos y las injurias del tiempo. En sus faldas está como un mar embravecido, cuyas olas de hielo han sido sorprendidas repentinamente en su acción. Atónitos mis ojos me transportan a la Nueva Zembla o Spitzberga, países inútiles para el género humano». // Théodore Bourrit (1739-1819).

corre de cerro en cerro, salta, brinca,
y con la fuga inmensa arrolla todo,   365
arboledas, cabañas, granjas, villas,
pues solo el huracán que excita el viento
impele al caminante y lo derriba.[108]
Quizá sitios tan ásperos te cansan.
¡Ea!, bajemos a la vega amiga,   370
donde a la margen de arroyuelos claros,
verdes vergeles, pampanosas viñas,
floridos prados, árboles frondosos,
para ostentar sus gracias, se avecindan.
¡Qué aspecto interesante dan al campo!   375
Observa, pues, con toda tu pericia,
sus trazas, sus virtudes, sus colores,
sus amores, sus bodas, sus familias;
cómo algunos injertos prodigiosos
las frutas más salvajes civilizan,   380
poblando de mejores ciudadanos
las huertas que al regalo se dedican;
cómo asciende y desciende en cualquier árbol,
con balanceo el jugo que lo anima
y cómo de este jugo, en fin, se forman   385
madera, hojas, flor, fruto y semilla.

---

[108] Viera elimina del poema de Delille un verso escrito en 1795 donde el francés evoca los años de angustia que vivió en carne propia durante los años del Terror: «O France, ô ma patrie! Ô séjour de douleurs!». Cfr. Jacques Delille, *L'homme des champs…*, p. 112 (canto III, v. 377).

¿Y las inmensas tribus de las plantas, [109]
que con desprecio el ignorante pisa,
no tienen sus bellezas y sus dotes?
El Dios que creó el mundo, el musgo cría.   390
Observa las virtudes admirables
aun de las que se temen por nocivas;
y cree que en donde hay plantas no estás solo,
pues ellas los desiertos amenizan.
Sal a buscarlas, con paseos gratos,   395
por los collados y las praderías
pero, si divertirte más deseas,
que otros amigos sean de la partida.
    Mayo amanece; el rancho llega al monte;
no aquel rancho de bárbaras cuadrillas,   400
que con trompas de caza tumultuarias
al morador del soto causan grima...
Paced sin susto, ciervos inocentes;
no os espantéis, canoras avecitas;
estos son cazadores agradables,   405
que las matas y flores herborizan...

---

[109] Estos versos introducen el tema de la exploración botánica y la
herborización practicada por los naturalistas del siglo XVIII. Mientras que
en el poema de Delille este descubrimiento de la flora trascurre en la
campiña francesa, cerca de París, en lugares como Marli, Meudon o
Chantilly, en la traducción de Viera es una práctica totalmente descontex-
tualizada. El escritor canario solo conserva del poema original la referencia al botánico Jussieu, probablemente Antoine o Bernard de Jussieu,
como iniciador de tal quehacer científico. Cfr. Jacques Delille, *L'homme
des champs...*, pp. 113-114 (vv. 395-429). Sobre la flora parisina y la
elaboración de herbarios por los naturalistas franceses, vid. Jean-Claude
Jolinon, «Les herbiers historiques du Muséum et la flore parisienne», en
Bernadette Lizet, Anne-Elizabeth Wolf y John Celecia (dirs.), *Journal
d'agriculture traditionnelle et de botanique appliquée*, nº 2, 1997, *Sauvages dans la
ville. De l'inventaire naturaliste à l'écologie urbaine*, pp. 91-109.

Los alumnos de Flora ya recorren,
al fresco de la aurora matutina,
el reino vegetal, yendo a su frente
Jussieu,[110] que con valor los acaudilla.   410
Para probar su ciencia, algunos de ellos
de varias plantas forjan con malicia
un todo artificial; el sabio al punto
reconoce el engaño y con sonrisa
a cada planta restituye diestro   415
la parte que prestó para el enigma.[111]
Ved, como con los ojos y la lente,
va observando en la flor el botanista,
para clasificar cualquiera hierba,
pistilo, estambre, pétalo y estigma.   420
Las unas le son ya muy familiares,
otras le suelen ser desconocidas.
¡Y qué placer si por fortuna encuentra
alguna de que el suelo de su clima
suele ser muy avaro! Tal fue el gozo   425
con que Rousseau, que el campo recorría,
descubrió la pervinca deseada,
y exclamó: «¡Cielo santo, la pervinca,
la pervinca! ¿Es posible?». Él le echa mano,
con no menor terneza y alegría   430
que un amante que encuentra de repente,
reconoce y adora a su querida.[112]

---

[110] Puede tratarse de Antoine de Jussieu (Lyon, 1686-París 1758) o de su hermano Bernard de Jussieu (Lyon, 1699-París, 1777), ambos célebres botánicos.

[111] [N. A.]: *Restituye diestro / la parte que prestó para el enigma.* Aquí se hace mención de lo sucedido en París con el celebre botánico Jussieu, cuando sus discípulos intentaron engañarle, pues a la primera ojeada reconoció los trozos de las distintas plantas que componían la que le presentaban.

Después de esta tarea deliciosa,
hallan dispuesta una frugal comida
junto la margen de un parlero arroyo   435
y bajo de un castaño de las Indias.
El salón lo compone una floresta,
con céspedes el suelo se entapiza,
los vastos horizontes son sus cuadros,
es la orquesta los pájaros que trinan,   440
y encima de la mesa de un peñasco,
donde tejió un mantel la doradilla,
leche, huevos y queso se reparten
con fresas, con cerezas y con guindas,
mientras el fuerte Baco se refresca   445
con las aguas de náyades propicias.
Estos simples manjares satisfacen,
y el ávido apetito desafía
los platos del Apicio[113] más famoso.

---

[112] Se trata de la *Vinca minor* (L.), *Pervinca vulgaris angustifolia* (Tourn.), etc., conocida vulgarmente, entre otros nombres, como *Vinca menor*, *Yerba doncella*, *Pervinca menor*, *Violeta de las brujas*, etc. Vicente Martín de Argenta escribe al respecto que a la hierba doncella se la llamaba en francés *violette des sorciers* por determinados usos misteriosos a que se la destinaba, en Italia se hacían con ella coronas fúnebres para los jóvenes de ambos sexos y, por su parte, en Bélgica se utilizaban sus flores para alfombrar el paso de los que gozaban de una reputación sin mancha, por lo que en belga se la conocía como *madedgen-palm*. La planta, añade, «encantaba a J. J. Rousseau recordándole las dulces emociones de su juventud». Poseía utilidad médica, ya que «gozó de gran reputación como vulneraria y astringente» (Vicente Martín de Argenta, *Álbum de la flora médico-farmacéutica e industrial, indígena y exótica*, t. II, Madrid, Galería Literaria, 1863, pp. 143-144).

[113] Marcus Gavius Apicius, gastrónomo romano del siglo I de nuestra Era. Escribió *De re coquinaria*, fuente esencial para adentrarnos en la gastronomía de la época.

Allí todos los himnos y cantigas   450
son a la amable Flora y a Cibeles,
eternamente bella y siempre niña.
Sus discursos no son de bagatelas,
que trae la moda, y que la moda quita;
sino de Dios y su bondad fecunda,   455
de la Naturaleza esclarecida,
y de tantos secretos inefables
que el mundo encierra y a muy pocos fía.
Levantada la tropa de la mesa,
vuelve a correr por prados y colinas   460
y, cuando ya la noche protectora
echa sobre las flores su cobija,
cada cual se retorna muy ufano,
conduciendo en carteras sus conquistas
al docto herbario, en donde las colocan,   465
y en donde, registradas, fructifican.[114]
    Mas solo ha dado a las preciosas plantas
Naturaleza una imperfecta vida
y un limitado instinto; con el hombre
tiene el reino animal más cercanía,   470
y es más interesante el conocerlo.[115]

---

[114] [N. A.]: Solamente un botánico es capaz de conocer el gusto que se tiene, de vuelta de una herborización, en examinar y numerar las plantas adquiridas. Se les concede hospitalidad, se les trata conforme al parentesco que tienen con las familias conocidas, se estudian sus fisonomías y caracteres, para clasificarlas. Se enjugan entre dos hojas de papel de estraza al sol o al calor del fuego. Se pasan, en estando secas, a un papel fino, trabándolas con un alfiler, sentándolas del modo que les es natural y escribiendo al lado su nombre y sus virtudes. A fin de preservarlas de la polilla, se les pone polvos de cohombrillo amargo. // Cohombrillo amargo, pepinillo del diablo o elaterio (*Echallium elaterium*).

[115] Después de la clasificación de los vegetales, se introduce la clasificación de los animales.

Unas especies son sus enemigas,
otras esclavas, otras compañeras,
aquellas en los bosques siempre habitan,
estas en las cavernas más profundas 475
o en árboles o en aguas o en guaridas
o son de nuestras granjas familiares,
o de nuestras cabañas porcionistas
o nos hacen la guerra o se la hacemos
en las pescas del mar o cacerías... 480
Estudia, pues, sus genios, sus costumbres,
su industria, sus astucias y sus riñas
y, sobre todo, la insensible escala,
por la cual las especies se deslindan
y al hombre se aproximan poco a poco 485
o hacia las plantas en la tierra fijas.
Aun esto no es bastante, pues si quieres
tener de estos objetos la cartilla,
y el conjunto feliz, un gabinete
dispón en tu morada, donde existan 490
los tres reinos, unidos como en Cortes,
con sus tablas, cajones y divisas,
por sus clases, sus géneros y especies,[116]
teniendo los curiosos a la vista
de la Naturaleza el noble cuadro, 495
y del mundo total la breve cifra.
Pero no hagas difícil esta empresa,
y, desde luego, tu atención limita
a producciones de tu territorio
que, como a compatriotas, ver solías. 500

---

[116] Se evocan las colecciones museísticas de objetos de la naturaleza, procedentes de los tres reinos (vegetal, animal y mineral) y su clasificación científica.

Entre los minerales, pon las tierras,[117]
las arenas, las piedras, las dendritas,
las sales, los azufres, los betunes,
los metales, que pesan y que brillan,
los cristales de roca transparentes,   505
los bezoares, geodes y piritas,
los talcos, los amiantos, los asbestos,
las maderas, que el agua petrifica
y, en fin, cuantos objetos naturales
fuego, aire, tierra y agua modifican.   510
Con no menos curiosa complacencia
corro del reino vegetal la lista,
y veo en sus cartones hermanados
los musgos de la mar, llenos de pintas;
el liquen de los árboles y peñas;   515
la tintorera canariense orchilla;[118]

---

[117] Se introduce la clasificación de los minerales.

[118] Delille menciona un «*lichen parasite*», lo que Viera convierte en «tintorera canariense orchilla» (cfr. Jacques Delille, *L'homme des champs…*, p. 118 [canto III, v. 508]). Gloria Díaz Padilla y José Miguel Rodríguez Yanes, *El señorío en las Canarias occidentales. La Gomera y El Hierro hasta 1700*, Santa Cruz de Tenerife, 1990, pp. 332-334, recogen el testimonio de Béthencourt y Castro, que sigue a Cadamosto y Viera, sobre la exportación de orchilla desde Canarias a la Península a partir de mediados del siglo XV. La interesante memoria de Béthencourt y Castro (*Discurso sobre la Historia natural de la Orchilla, con reflecciones acerca de su conservación y aumento de cosecha por lo respectivo a esta Isla de Tenerife* (1779), ha sido publicada por Juan Tous Meliá: «Los discursos públicos en la Real Sociedad en celebración del nombre del Rey: Historia natural de la Orchilla y la pesca de la sama», en VV. AA., *La Real Sociedad Económica de Amigos del País de Tenerife. Sus primeros pasos,* Santa Cruz de Tenerife, 2002, p. 293-297.

el agárico que la sangre estanca[119]
y que del pedernal coge las chispas;
la ninfea, que extingue los amores;
y aquellas populosas ramas vivas,[120]   520
que a los reinos de plantas y animales
pertenecen con rara maravilla.
   En el reino animal, cuántos contrastes
se pueden ver con gracias exquisitas,

---

[119] [N. A.]: El *Agárico* es una especie de hongo, el cual machacado con nitro sirve para yesca y suministra uno de los estípticos más poderosos para contener las hemorragias. // *Agaricus campestris.*

[120] [N. A.]: *Aquellas populosas ramas vivas, etc.* Alude a los pequeñísimos pólipos del mar y de agua dulce. Las observaciones que se han hecho sobre ellos trastornan todas las ideas que hasta aquí se tenían del reino animal. ¿Quién creería que pudiera haber animales que se multiplicasen, haciéndolos un picadillo? ¿Que, dividiendo un pólipo en veinte o treinta porciones, cada una de ellas, en poquísimo tiempo, llegase a ser un pólipo semejante a aquel del cual acababa de ser una minutísima parte? ¿Que en cada uno de los dichos trozos había de brotar una cabeza y unos brazos, propios para atrapar su presa y devorarla? ¿Qué, partiéndose esta cabeza en dos, habían de ser luego dos cabezas perfectas? ¿Y qué si cada una de ellas se volviese a subdividir, serían cuatro cabezas y luego ocho, etc.? Lo mismo sucede con el cuerpo, porque puede multiplicarse y conservar solo una cabeza. Todavía hay más pues, si se vuelve un pólipo lo de dentro a fuera, como una calceta, no por eso dejará de digerir y vivir como antes. Nada es más parecido a una vegetación. Se observan en sus cuerpos unas ligeras excrecencias, en número de 18, como otros tantos botoncitos, los cuales vienen a ser otras tantas cabecitas de pólipos, que no tardan en sacar sus brazos respectivos, y estos nuevos pólipos, aun antes de acabar de crecer, dan la existencia a otros, de suerte que un padre es ya abuelo antes de acabar de engendrar a su primogénito. Cuando un pólipo ha tomado alimento, este se distribuye en todos los demás, como en los gajos de una planta, lo que se echa de ver en el color de la comida. Así que un grupo de pólipos es como un vegetal, que se nutre, se mueve y se propaga.

si en un mismo lugar se congregaren   525
el águila y la mosca, en simetría;[121]
el ave del país y la de paso;
el oso informe y la ágil cabritilla;
el armadillo y el rinoceronte;
el perezoso y la ligera ardilla;   530
escamas de culebras y pescados;
los huevos de avestruz y lagartija;
la nautilla, que es góndola del agua,
y la grulla, del aire audaz nautilla;
el mono inquieto y la cotorra indiana,   535
que en el gesto y la voz al hombre imitan;
el animal doméstico y el vago;
los que en el mar y tierra a un tiempo habitan;
el peje volador, la ave remera,
que cambian de destino y de provincia…   540
    Y vosotros también sois convocados,
en la escala viviente o últimas líneas,
insectos numerosos que, en el campo,
rodáis, voláis, saltáis, corréis de prisa.
Yo quiero colocar, entre cristales,   545
la oruga, la crisálida, la ninfa,
la vagamunda, mariposa bella,
que desdeña orgullosa su familia;
el gusano que mora en las pocetas;
el que las flores y las frutas liba;   550

---

[121] [N. A.]: El pájaro *Mosca* es la más pequeña de las aves. Sus pies son muy cortitos, por lo que voltea continuamente sobre las flores para libar su jugo. Es propia de la América. Los colores de sus plumas son tan ricos, que se puede decir que la Naturaleza las ha esmaltado con polvos de rubí, topacio, esmeralda y zafiro. // Viera consigna esta nota con el número VIII por error, entre la XVIII y la XIX. Se refiere al zunzuncito, colibrí zunzuncito, pájaro mosca o elfo de las abejas (*Mellisuga helenæ*).

el que su tienda entre las hojas planta;
el solitario cruel que, como cinta,
al hombre interiormente chupa y mata;[122]
el que nuestras paredes entapiza;
el que de suave lana hace su ropa;   555
el que roe, construye, teje o hila;
el que con flueco de oro hace su tumba;
el que galán, de noche se ilumina;
aquel que vive cabalmente un año;
aquel que solamente vive un día;   560
todos, todos venid los que este globo
pobláis con vuestras tribus infinitas,
que sin fin se renuevan; yo os aguardo.
venid a mí con vuestras galas ricas,
traed vuestras garzotas admirables,   565
vuestras perlas, rubíes y amatistas.
Enseñadme los fúlgidos estuches,
que abrigan fuertes vuestras alas finas;
ese asombroso número de ojos,[123]

---

[122] [N. A.]: La lombriz solitaria, el gusano de la seda, la luciérnaga, las efémeras… // Los efemerópteros (*Ephemeroptera*) son conocidos vulgarmente como efímeras, efémeras o cachipollas.

[123] [N. A.]: *Ese asombroso número de ojos* etc. Las moscas, escarabajos, mariposas y otros insectos, tienen como unas redecillas, compuestas de ojos, recortados en facetas, como el diamante. Lewenhoeck calculó que había 3181 en un escarabajo; 8000, en una mosca ordinaria; 6226, en un gusano de la seda y 34 650 en una mariposa. Algunos naturalistas, después de limpiar sutilmente la superficie interior de esta red de ojos, la han colocado en un microscopio, en vez de lente y, dirigiendo la vista a una vela encendida, han visto una maravillosa multiplicación de la luz. Así, un soldado que mirase por este medio a otro soldado vería un ejército de 17 325 guerreros. // Anton van Leeuwenhoek (1632-1723), científico holandés que llevó a cabo importantes observaciones con microscopios de

hechos con tal primor y tal pericia,   570
que unos son microscopios para cerca
y otros anteojos son de larga vista.
Mostradme esas barrenas, esos dardos,
que armas son e instrumentos; esas limpias
delicadas antenas, con que sabios   575
sondeáis las cosas, yendo a tentadillas;
esos pífanos, trompas y timbales,
marcha de amores, generala de iras;
en fin, esos amaños y resortes,
que a la industria del hombre dan envidia,   580
máximas pequeñeces que, ellas solas,
prueban un Dios y una sabiduría.
 Tal es el triple imperio que, a tu mano,
puedes tener si, cuerdo te dedicas
a colectar las varias producciones   585
que la Naturaleza te prodiga,
este afecto a los seres que te cercan
en todo podrá ser tu hechicería
pues, si ves una piedra o una planta,
una sal gema o una estalactita,   590
tu mano codiciosa la hará suya
y le dará en tu cuarto hospedería.
Si el día es nebuloso y de él no sales,
allí ves todo cuanto ver podrías;
mas si salieres, no darás un paso,   595
sin que te llamen cosas atractivas.
En sus playas el mar para ti deja
una concha, una esponja o coralina,
mientras acá la tierra socavada
te da el brillante trozo de una mina.   600

---

fabricación propia. Precursor de la biología experimental, la biología celular y la microbiología.

Si ves volar alguna mariposa,
que en tus tablas no tienes todavía,
con ansia la aprisionas, y tu marcha
es una adquisición nueva y continua.
   Coloca con primor estas alhajas,   605
en que un orden metódico presida,
poniendo siempre al pez, al bruto y ave
con su ademán y su fisonomía;
el pájaro, posado en una rama,
parezca que a volar se determina;   610
con un aire bribón la comadreja
muestre traza aguzada y relamida;
premedite la zorra una emboscada
con toda su rapaz bellaquería;
que cada cosa, en fin, esté animada   615
y que, aunque muerta, la creamos viva.
   Deja a los gabinetes de los reyes
esas monstruosidades inauditas,
esos fetos, tal vez con dos cabezas;
guanches sin corrupción, momias egipcias;[124]   620

---

[124] Delille, en una referencia a los gabinetes de curiosidades, evoca a «*la momie à la mort disputant sa conquête*» (canto III, v. 623), lo que Viera aprovecha para introducir una alusión a momias guanches y egipcias (cfr. Jacques Delille, *L'homme des champs...*, p. 123 [canto III, v. 623]). Esta transformación del poema original nos parece singularmente interesante en el sentido de que, en sus *Noticias de la historia general de las islas de Canaria* José de Viera se interesó por el embalsamamiento practicado por las antiguas poblaciones de Canarias y menciona una cueva recientemente descubierta en el Barranco de Herques, que él mismo había visitado (José de Viera y Clavijo, *Historia de Canarias*, vol. 1, ed., intr. y notas de Manuel de Paz Sánchez, Santa Cruz de Tenerife, 2016, p. 374). Por su lado, en «Histoire Naturelle de l'Homme», publicado en 1782 en la *Encyclopédie méthodique*, Daubenton escribió: «On peut voir deux de ces momies au Cabinet d'Histoire Naturelle du Jardin du Roi. Elles ont été apportées de l'isle de Ténériffe, en 1776,

huesos de los gigantes portentosos,
leones y panteras de la Libia…
Mas, si algún ave, dócil y halagüeña,
te fue viviendo, amable y divertida,
si algún mastín, tu amigo fue constante,   625

par M. le Comte de Chastenet de Puységur, Enseigne de vaisseau, commandant alors le lougre l'Espiègle. Elles ont été prises dans une caverne du village d'Arico. Elles sont emballées dans des peaux; l'une de ces momies a la tête découverte; la peau est désséchée; les traits du visage y sont grossièrement apparens; mais les cheveux tiennent à la peau, & sont bien conservés. Les pieds manquent à cette momie: on y voit l'extrêmité des os des jambes, qui m'ont paru n'être altérés que par le desséchement: il y a lieu de croire que les viscères sont réduits en poussière, car il en sort de quelques parties de ces momies» (Louis-Jean-Marie Daubenton, «Histoire Naturelle de l'Homme», en *Encyclopédie méthodique. Histoire naturelle des animaux*, t. 1, París / Madrid, Panckoucke / Thevin, 1782, p. lxxxvi). Algunos años después, en 1803, Bory de Saint Vincent estableció la conexión entre las momias traídas de Tenerife por Chastenet de Puységur que se conservaban en el gabinete de historia natural de París, en el conocido como Gabinete del Rey, y la cueva descrita por José de Viera y Clavijo: «On connaît plusieurs catacombes à Ténériffe : la plus célèbre est celle du Barranco de Herque, entre Arico et Guimar, au pays d'Abona ; elle fut découverte dans le temps que Clavijo écrivait ses Noticias. Il rapporte qu'on y rencontra plus de mille momies, tandis que dans les autres, on n'en avait guère trouvé plus de trois à quatre cents à la fois. C'est de là que sont venus les xaxo qui sont dans le cabinet du roi d'Espagne, et les deux que M. de Chastenet de Puységur envoya en 1776 au Jardin des Plantes : les pieds manquaient malheureusement à l'une d'elles» (Jean-Baptiste Geneviève Marcellin Bory de Saint-Vincent, *Essais sur les îles Fortunées et l'antique Atlantide, ou Précis de l'histoire générale de l'archipel des Canaries*, París, Impr. Baudoin, an xi [1803], p. 62). En 1777, durante su estancia en París, Viera visitó el Gabinete del Rey, donde se habían depositado las momias traídas de Tenerife por Chastenet de Puységur (José Viera y Clavijo, Diario de viaje a Francia y Flandes, ed., intr. y notas de Rafael Padrón Fernández, La Laguna, Instituto de Estudios Canarios, 2008, pp. 15 y 181).

y te sirvió con celo e hidalguía,
en lugar de erigirle un mausoleo,
que deshonre tu duelo y aun tu quinta,
hazle en tu gabinete la apoteosis,
y un Campo Elíseo, donde en paz exista.   630
    Así te he de ver yo bien colocado,
¡oh mi Marramaquiz!,[125] de quien podría
La Fontaine alabar[126] las propiedades
pues, con gracias de gato, en ti vería
de perro los cariños afectuosos;   635
fiereza con dulzura, bondad fina,
distracción aparente, fingimiento
de un profundo embeleso, con las miras
de acechar un ratón o grillo o mosca.
Sí, sí, yo te he de ver, quizá algún día,   640
puesto en mi gabinete, engalanando
con el suave caftán de tu pellica,
tal como cuando vienes a mi mesa,
me mayas, con sin par zalamería,
haces corcovos con tu espalda dócil,   645
la cola ondeas, pronto a mis caricias,
y con topetaditas y revueltas
me estremeces el pulso y, con la tinta
mi pluma, llena ya de garabatos
los tiernos versos que ella te dedica.   650

---

[125] Marramaquiz es un gato romano, protagonista de la *Gatomaquia* de Lope de Vega.

[126] En tanto que fabulista. Las fábulas del poeta francés Jean de La Fontaine (1621-1695) fueron impresas en multitud de ediciones ilustradas. Una de ellas data de mediados del Setecientos.

CANTO IV

Los aspectos sin fin de aguas y tierras
son fértil manantial de ricos cuadros.
Por eso siempre con placer registro
cielos azules en azules charcos,
ríos que transparentes se despeñan,   5
gramas tras los arroyos serpenteando,
florestas cuyas copas se oscurecen,
mieses que amarillean en sembrados,
verdes cañadas que los cerros cortan,
cumbres que con la esfera se han cargado,   10
mientras se extienden en sus faldas bellas,
vanos de su extensión, risueños prados
y, para colorar tales países,
gira pomposo el sol en el zodíaco.
Feliz quien, contemplando estas escenas,   15
de su hermosura goza enamorado
y más feliz aquel que, al recorrerlas,
con dulce lira les consagra cantos.

Todo para él se adorna, él recopila
cuanto en el mundo observa derramado   20
y, rival de la fiel Naturaleza,
con la composición de su entusiasmo,
no solo goza del amable objeto,
sino también de su inmortal retrato.
    De aquí se alejen, pues, esos poetas   25
que nos dicen en versos desmayados
lo que mejor, cien veces, ya se ha dicho
y lo que dicho a nadie ha embelesado.
Rimadores insípidos, pregunto:
¿Todavía no están bien agotados   30
los perfumes de Flora? ¿Todavía
los brincos cantaréis de los ganados?
¿Al susurro del agua dormiremos?
¿Céfiro no estará ya fastidiado
de acariciar la rosa y, en los montes,   35
siempre los ecos han de estar sonando?
¿Tan pobre puede ser aquel que pinta
de la Naturaleza el rico erario?
    ¡Con qué verdad, en deliciosos versos,
el diseño feliz nos trazó Horacio   40
de aquel álamo blanco y de aquel pino
que, entretejiendo sus sociables ramos,
hospicio daban con sus frescas sombras
a una merienda, mientras, a su lado,
un arroyo fugaz, que se apresura,   45
da varios giros, sin mostrarse tardo![127]

---

[127] [N. A.]: *Qua pinus ingens, albaque populus / umbram hospitalem consociare amant / ramis et obliquo laborat / lympha fugax trepidare rivo.* Horat., Carm., lib. 2, od. 3. // «¿Por qué al enorme pino y al plateado álamo les gusta unir la hospitalaria sombra de sus ramas? ¿Por qué la linfa fugitiva se esfuerza en deslizarse por sinuoso arroyo?».

¡Ah!, que para pintar el campo ameno
preciso es verlo, necesario amarlo;
pero, insensible a sus preciosos dotes,
con musa no campestre, el ciudadano   50
lo pinta sin amarlo y conocerlo.
Apenas toma gusto regalado
a la paz que florece en su recinto,
ni al tierno amanecer de un día claro;
así, leed sus versos y en su estilo   55
conoceréis que este pintor del campo,
amante es de la villa a manos llenas,
rico en palabras, viste de topacios,
de ópalos, de rubíes y zafiros
la Aurora,[128] que al oriente va asomando.   60
Si esparce flores, son diamantes puros,
si la hierba humedece, es con su llanto,
y el color de la rosa y del junquillo
en Potosí y en Tiro lo ha buscado.
Así, cuando de joyas y de dijes   65
osa cargar el traje soberano
de la Naturaleza tan modesto,
solo lo que consigue es afearlo.
Tal fue en la Grecia aquel pintor novicio,
que de Venus,[129] pintando el simulacro,   70
no acertó a diseñar sus incentivos,
lo suave de sus carnes y lo blando,
de su seno el contorno delicioso,
lo voluptuoso de sus bellos brazos;
en suma, no era Venus, pero supo   75
su pincel prodigar, con sumo fausto,
piedras preciosas, oro, plata, perlas.

---

[128] Hija de la Tierra y de Titán, preside el nacimiento del día.

[129] Es decir, la Afrodita griega.

Zeuzis[130] vio la pintura e irritado
le dijo: «¡Ay infeliz!, ¿qué es lo que has hecho?
Lo rico y no lo hermoso aquí has pintado». 80
También se deben huir esos poetas
que, minuciosos en superfluos rasgos,
más siguen a Lineo que a Virgilio,
cuando un objeto toman a su cargo,
pues en cualquier insecto se detienen 85
y lo describen con la lente en mano,
pintores que, sin gusto, copiar quieren
de una dama las pecas y los barros.
Tú pinta todo en grande; ¿ya no has visto,
al momento que el alba va rayando, 90
desde las arduas cumbres de algún monte,
el pintoresco prodigioso espacio
con cerros, valles, ríos, mieses, bosques,
praderas que emblanquecen los ganados…
y allá en el fondo azul del horizonte 95
de sierras un confuso anfiteatro?
Pues ese es tu modelo; el pincel toma,
píntanos unos grupos tan variados.
Es cierto que un Apeles[131] instruido
concede en su paisaje el primer grado 100
a un solo objeto; tú no elijas nunca
sino aquel en el cual, de un modo grato,
lo bello natural más resplandezca;
pero deja que crea el hombre fatuo

---

[130] Zeuxis o Zeuxippos, pintor griego del siglo v a. C. Pasó la mayor parte de su vida en Atenas, donde fue uno de los artistas más renombrados de su tiempo.

[131] Apeles (352-308 a. C.), uno de los más famosos y queridos artistas de la Grecia antigua.

que el bello natural siempre consiste   105
en lo que es regular y compasado.
Está muy bien que pintes lo copudo,
lo majestuoso, recto y elevado
de esos árboles nuevos; mas el tronco
tortuoso, mal vestido, avejentado,   110
cuyos ramos se inclinan hacia el río,
un verso de tu musa está esperando,
que la Naturaleza, siempre augusta,
interesa en sus mismos descalabros.
    ¡Naturaleza!... Sí, deidad sublime,   115
todo cuanto ejecutas es milagro
y tiras a infundir en nuestros pechos
un transporte feliz o un horror santo.
Ya en largas vegas, joven, fresca, airosa,
con traje rozagante vas marchando   120
y de los pliegues fáciles sacudes
suaves rocíos y colores varios.
Tus manos siembran frutos y verdores;
de un bello día los lucientes rayos
nacen de tu sonrisa; de tu aliento   125
el céfiro ligero es suave parto;
el mormullo armonioso de las fuentes,
los gorjeos del bosque son los claros,
dulces acentos de tu voz divina;
en los desiertos, diosa del espanto,   130
sobre cimas decrépitas de hielo,
tu formidable trono colocando,
ciñen tu altiva frente añejos pinos,
que el viento hace crujir; desde tus flancos
se desprenden torrentes espumosos;   135
se vibran de tus ojos los relámpagos;
tu voz es trueno, y tus respiraciones
volcanes son que causan fiero estrago…

Mas ¿quién podrá seguir las variaciones
de tus aspectos ricos y alternados,   140
ni delinear tus excelentes obras
desde el monte sublime al valle opaco,
desde el cedro que el Líbano prefiere
a la violeta amante de los prados?
   Si olvidamos, tal vez meditativos,   145
la sencillez de nuestros suelos patrios
y, bajo de otros climas y otros cielos,
pasando el mar, aquel país buscamos
donde, en ardiente zona, el sol anima
cada estación con más glorioso garbo,   150
al Orinoco, al Amazona inmenso
descubriremos, fieros hijos ambos
de los Andes excelsos, que disputan
al mar los privilegios y, bañando
una mitad del mundo, sus riberas   155
las aves pueblan en brillantes bandos,
mientras crían sus senos anchurosos
grupos espesos de verdor lozano.
Ya con magnificencia se desplegan
y con grave silencio van marchando;   160
y ya se precipitan impacientes
con vehemencia tanta y tal fracaso,
que fatigan los ecos sus gemidos
y al escuchar el ruido y el conato,
se pudiera creer que caen del cielo   165
y no que por la tierra van rodando.
Dibújanos sus pájaros y bestias,
el lujo de sus flores y sus ramos,
los vastos bosques, viejos como el mundo,
oscuros y profundos como el Caos,   170
ganados sin pastor, mieses sin hombres,
campiñas libres, páramos sin amo,

vergeles naturales que produjo,
con salvaje primor, el puro acaso
y, en fin, esas erguidas cordilleras,   175
junto a las cuales son montes enanos
los Pirineos y los Apeninos,
nuestras florestas, matorrales bajos
y el Danubio, que corre tan soberbio,
un riachuelo, donde todo es vado.   180
   Desde estos sitios fértiles y amenos,
pasemos a los sitios desgraciados,
de donde desterrada está la vida,
pues la esterilidad reina a su salvo.
Allí callada, triste, macilenta,   185
en medio de arenales africanos,
no halla un arroyo que su sed sacie,
mientras el gran calor la está abrasando.
Píntanos tú el ardor de aquellos climas,
lo seco, lo cerril, lo solitario,   190
y que este mismo fuego de tu numen
queme en tus versos como allá en los campos.
Pinta al dragón que surca aquella tierra
con sus nerviosos retorcidos lazos,
cambiando al sol sus lívidos colores,   195
y escupiendo ponzoña por sus labios;
la hiena y el tigre que la infestan,
las aves de rapiña allí graznando
y al león con rugidos pavorosos,
proclamándose rey y soberano.   200
   De aquí pasando al límite del orbe,
donde el invierno erige su palacio
y donde el aquilón, ministro suyo,
del frío y la intemperie obtiene el mando,
píntanos de la escarcha la aspereza,   205
los copos de la nieve, que caen vagos,

las cristalizaciones del granizo,
los torales de hielo amontonados,
y que en tus versos descriptivos pueda
tiritar toda el alma al recitarlos.   210
Pero, entre los rigores de tal cielo,
diséñanos también los puntos gratos
que tiene el septentrión: los bellos prismas
de diáfanos carámbanos helados,
que rompen y reflectan a los ojos   215
del sol las flechas con colores varios,
sus brillantes agujas en las peñas
o en las hojas del pino titubeando
o forrando las cañas de una costra;
el río inmóvil, consistente el lago   220
y el mismo mar profundo reducido
a un cerúleo y magnífico peñasco,
páramo de lucientes horizontes,
donde el lapón, en su ligero carro,
por lúbricos caminos corre y vuela   225
de las renes pacíficas[132] tirado.
    Después de visitar estas regiones,
retrocediendo a nuestros climas patrios
del suave estío y del benigno invierno,
desfrutemos los hálitos templados.   230

---

[132] Es decir, los renos pacíficos. El *Diccionario* de Terreros y Pando describe la voz del siguiente modo: «RENO, animal que solo se halla en los Países fríos. Fr. *Renne*, o *rene*, o según algunos *ranne*. Lat. *Hyppelaphus*. Es parecido al ciervo, si bien algo mayor que él, y menor que el *Alce*. Tiene tres órdenes de cuernos; dos delante, y uno detrás. Los lapones le domestican, y les sirve para llevar arrastrando en sus trineos, o carretones las cargas sobre la nieve, y hielo con gran velocidad» (Esteban Terreros y Pando, *Diccionario Castellano con las voces de Ciencias y Artes y sus correspondientes en las tres lenguas francesa, latina e italiana*, t. III, Madrid, Viuda de Ibarra, 1788, p. 342).

A nuestras selvas, prados y vergeles
con complacencia singular volvamos,
al susurro de nuestros arroyuelos,
a los nidos que pueblan nuestros bardos,
a nuestras frutas de color más fino,   235
a nuestra Flora y Pales, cuyo trato
es en todo más simple y más modesto,
y a nuestro ruiseñor que, aunque privado
de los vivos colores de las Indias,
es de nuestras florestas el encanto.   240
    Pero no pintes siempre ni describas;
coloca espectadores en tus cuadros
para animar la escena, conociendo
que aquel que no interesa es autor vano.
A los ojos del hombre, sin el hombre   245
no hay en el mundo verdadero ornato,
pues es un templo que se cree vacío
y está pidiendo el numen que ha de honrarlo.
¿Llega ya el hombre? Todo se despierta,
movimiento, placer, gusto, regalo.   250
Píntame en los collados de las viñas
mozos vendimiadores con canastos;
en los valles, pastores que apacientan
y jóvenes doncellas en los baños,
que tímidas apenas valor tienen   255
de confiar a las ondas por un rato
los tesoros secretos de sus dotes
y como que se asustan, con empacho,
de que sus mismos ojos las descubran,
mientras en la ribera un sutil fauno,   260
detrás de la espesura de los mirtos,
abriendo una cortina, está acechando.
    Si de tus cuadros rústicos el hombre
ausente está, ¡qué actores tan gallardos

el pueblo de animales darte puede!   265
Los tímidos, los fieros y los mansos,
los rebeldes, los dóciles, los fuertes,
los amigos, los libres, los esclavos,
aquellos cuya leche nos sustenta,
aquellos cuya lana siempre hilamos   270
y, si Bergen[133] con ellos daba vida
a sus paisajes con pincel bizarro,
¿por qué el poeta, con su acorde lira,
no ha de hacer en sus rimas otro tanto?
Él nos dirá cómo, cuando el favonio   275
hace temblar las hojas de un castaño,
también tiembla asustada la gacela
y huye corriendo, pronta como el rayo.
Él nos dirá cómo la vaca dócil
en la florida hierba muerde el pasto,   280
y sus maternos ubres va extendiendo
para el novillo, que retoza al lado.
Cómo el potro andaluz, envanecido
de su ascendencia y de su estampa ufano,
si oye la voz de las queridas suyas,   285
celosas del favor en su serrallo,
inquieto, ardiente, rompe las espinas,
que guarnecen las cercas del vallado,
se escapa presuroso y, con orgullo,
emprende la carrera, dando saltos.   290
Ya con su pie ligero apenas pisa
la grama espesa, ya por el olfato
solicita que el viento le dé indicios
del objeto que busca y ya confiado,

---

[133] Debe de referirse al pintor holandés Dirck van Bergen (1645-h. 1700), paisajista notable, autor de paisajes y ambientes rurales muy característicos del siglo XVII holandés.

tremolando los crines de su cuello,   295
vuela hacia el río y sigue relinchando.
¿Deseas de interés un nuevo fondo?
Pues píntanos los brutos como humanos,
y en ellos haznos ver nuestras ideas;
dales nuestros afectos y conatos,   300
dales nuestras costumbres y pasiones
y lograrás con ellos asociarnos.
En vano el gran Buffon probarnos quiso,
humillando su gloria y discordando,
en su prosa divina, de sí propio,   305
que cual máquina el bruto es móvil barro,
cuyos ciegos resortes ejercitan,
con vida oscura, un cuerpo organizado.
Mas luego que él los pinta, cada bruto,
en su mortal pincel, va acaudalando   310
del fuego celestial de Prometeo[134]
una centella, digna de animarlo.
Tierna fidelidad adquiere el perro,
el buey paciencia, dócil al trabajo;
fiero de conducir sobre sus lomos   315
al jinete guerrero, el leal caballo
es sensible al decoro de los triunfos
y divide con él el honor vano.

---

[134] Pariente de Zeus, formó los primeros hombres de arcilla, subió al cielo ayudado por Palas y robó el fuego sagrado para animarlos. Para castigarlo, Zeus le encadenó en el Cáucaso, enviando un águila que le devoraba el hígado, el que se regeneraba constantemente. Heracles mató al águila y le liberó. Prometeo tenía el don profético. Indicó a Hércules la forma de conseguir las manzanas de oro y le dijo que Atlante era el único que podría cogerlas en el Jardín de las Hespérides. También enseñó a su hijo Deucalión el modo de salvarse del gran diluvio que Zeus proyectaba para exterminar a la Humanidad.

Así cada animal, restablecido
en los derechos que le había negado,   320
tuvo un genio, un carácter y una industria
y fue, con los que viven, numerado.[135]
¿Pero qué mucho? Ya la poesía
ejemplo a este filósofo había dado,
delineando en sus lienzos elocuentes   325
dioses, hombres y brutos combinados.
Mira en Homero cómo el héroe arenga
a la augusta cuadriga de su carro;
y a Ulises[136] que, volviendo a sus dominios,
después de andar errante tantos años,   330
su perro, que afectuoso le conoce,
muere a sus pies, lamiéndole las manos.
    ¿Y tú Virgilio? ¿Y tú sabio Lucrecio,[137]
con qué interés supisteis retratarnos
las costumbres amables de los brutos?   335
Yo, con el labrador, triste separo
de la coyunda al buey que gime y llora,
viendo ya muerto a su querido hermano.
Yo tomo parte en la terrible guerra,
que se declaran, nunca subyugados,   340
los jefes de vacadas: ¡que contienda!

---

[135] Se trata de un guiño a la obra *Histoire naturelle* de Buffon, donde el naturalista se dedica a describir los diferentes animales de la naturaleza.

[136] *Odysseus* en griego. El más célebre de los héroes antiguos. Su leyenda constituye el tema de la *Odisea*.

[137] Titus Lucretius Carus, poeta y filósofo romano. Escribió un poema didáctico titulado *De rerum natura*, distribuido en seis libros. Se basó en la filosofía de Epicuro y la física de Demócrito.

No me parecen toros, son dos guapos,
dos rivales sin par: Aquiles[138] y Héctor,[139]
por una Helena[140] junto a Troya armados.
De ambición llenos, de odio constreñidos,   345
bajan la frente y los torcidos dardos;
hiérense los nervosos cerviguillos
y, mugiendo de amor, dolor y agravio,
suenan los ecos en el vasto Olimpo,[141]
mientras todo el concurso está aguardando   350
a ver a cuál de aquellos dos campeones
el imperio le queda del ganado.
    Mira otro bello cuadro: una becerra,
viendo inmolar su ternerillo manso,
inconsolable madre, corre inquieta   355
por la selva, mugiendo y preguntando.
A sus gritos la selva le responde,
pero no le responde el hijo amado.
Así, ni los arroyos difundidos
por sobre limpios, cándidos guijarros,   360
ni el fresco trébol, donde todavía
las gotas del rocío están temblando,
nada le hace impresión; mil veces corre,
imprimiendo las huellas de sus pasos,

---

[138] Como afirma Grimal, el retrato homérico de Aquiles es el de un joven de gran belleza: cabello rubio, ojos centelleantes y poderosa voz. Desconocedor del miedo, su mayor pasión es la lucha. Su carácter, empero, tiene facetas más dulces. Músico, sabe aquietar las preocupaciones con la lira y el canto.

[139] El héroe troyano.

[140] Esposa de Menelao, por la que los griegos lucharon durante diez años ante Troya.

[141] Monte situado entre Tesalia y Macedonia, morada de los dioses.

desde el establo al conocido bosque   365
y desde el bosque al bien querido establo.
De aquí se aparta triste y quejumbrosa,
de allí retorna con mayor quebranto
y vuelve en fin a irse, padeciendo
con desesperación su desamparo.   370
¡Qué corazón no se conmueve viendo
de este materno amor el simulacro!
Aun al arroyo, aun a la arboleda,
aun a las flores, con amable engaño,
la poesía puede concederles   375
un alma viva, un genio imaginario.
Todo concurre a esta ilusión dichosa,
cuando sus propiedades observamos.
Repara los cariños con que otorga
el agua al verde césped sus halagos;   380
mira a la palma sin esposo triste,
mira a la vid, que al olmo se ha apoyado,
cómo extiende sus manos afectuosas
y le va repitiendo los abrazos.
¿Este instinto del agua y del arbusto   385
no los hace sociables? Ve mandando
y haz que el botón al céfiro desee,
temiendo al aquilón como a un tirano;
haz que el lirio sediento el agua pida;
que salga el árbol joven bien criado,   390
que aquel tronco con ramos de otra estirpe
se admire de su pompa y fruto extraño
y, si la nueva cepa está vestida
de pámpano superfluo, tú apiadado
pide a la podadera no la ofenda,   395
mirando a su belleza y tiernos años…
De este modo, creyéndonos unidos
al bien y al mal de estos objetos caros,

con dulce simpatía tu destreza
mi corazón sensible estimulando,   400
logra que, al ver un árbol, yo me sienta
enternecido por un corto rato.
　Quedan otros secretos, pues sucede
que hay ciertos sitios que, de cuando en cuando,
unas gratas memorias hermosean.   405
Descríbeme en tus versos –yo lo aplaudo–
un país voluptuoso y divertido,
pero si añades «Este fue el teatro
de mi niñez feliz; aquí se abrieron
mis ojos a la luz y a los tempranos   410
dulces placeres el afecto mío»,
el corazón entonces, refrescando
recuerdos tan dichosos, se conmueve
y ansioso vuela a ver el suelo patrio.
　¡Oh de Limañe[142] campo delicioso,   415
a verte fui después de lustros cuatro
y, luego que el excelso Montedoro[143]
se presentó a mis ojos, aún lejano!
¡Ah cómo el corazón batió en mi pecho!
Todavía distaba largos tramos,   420
y ya creía ver su alegre vega,
sus verdes lomas, sus risueños prados,
acusando la posta de tardía.
En fin, llegué, los vi –¡gozo extremado!–,
todo lo andaba, registraba todo,   425

---

[142] Limagne (en el Macizo Central de la región francesa de Auvernia), lugar donde pasó parte de su infancia Delille. Es de las pocas referencias a la tierra natal del poeta francés que mantuvo Viera en su traducción.

[143] Se trata de Le Mont-Dore (Mont Dòr en occitano), es decir, Mont-Dore-les-Bains (Auvernia). Jacques Delille canta aquí a su tierra, ya que él había nacido en Aigueperse, una localidad de Auvernia.

y cada sitio me iba despertando
un tropel de memorias halagüeñas.
Ved aquí, dije, el roble afortunado
en cuya copa yo buscaba nidos…
En esta arena un pérfido solano 430
mis casitas de barro echaba al suelo…
En aquel riachuelo y su remanso
yo arrojaba la piedra, que corría
resbalando, cayendo y rechazando…
Me encantaba cualquiera bagatela, 435
pero no pude contener mi llanto,
cuando abrazaba al viejo venturoso,
que de mi infancia fue maestro y ayo;
a mi madre de leche cariñosa;
al respetable cura, afable y sabio; 440
y yo exclamaba: «¡Oh sitios apacibles,
de mi cuna testigos coetáneos,
testigos de mis días los más bellos,
de mis dulces amores los más castos,
¡oh sitios apacibles!, ¿qué habéis hecho 445
de mis placeres?, ¿quién los ha robado?».
      Mas este grato asunto me enajena;
pintores de paisajes, yo os encargo
que, para hacer más vivas las escenas
le presentéis al que ha de meditaros 450
los sitios que el amó de cualquier modo
o los sitios en donde ha sido amado.
Con contraste no menos hechicero,
opón a un cuadro horrible un tierno cuadro;
al asilo fatal del negro vicio, 455
de la inocencia cándida el sagrado;
y con los mismos males de la villa
procura hacer más agradable el campo.

Desde la altura, en donde nos presenta
París su Louvre, templos y palacios,   460
al contemplar tan vastos monumentos,
puedes decir: «Allí reinan con fausto
las artes liberales, la opulencia,
el cincel docto, el armonioso canto,
las inmortales obras de la prensa,   465
donde el ínclito ingenio se ha estampado...».
Pero, mirando luego estas bellezas
como unos brillos de oropeles falsos,
que ocultan fealdades insufribles,
dirás también con justo desengaño: 470
«Allí reina el orgullo y la bajeza,
las desdichas, los males necesarios
de la riqueza y la miseria suma.
Allí, de todas partes congregados,
fermentan hoy los vicios de la Tierra,   475
y el disgusto sombrío, desdeñando
el placer permitido, al crimen corre.
Allí del suicidio el monstruo infando
aguza su puñal, vierte el veneno.
Allí de una Lais[144] el torpe bando   480
es azote fatal del himeneo
y perenne rubor del celibato.

---

[144] Existen, al menos, tres Lais. Dos en Corinto y una tercera que se la conoce como Lais de Hicara, aunque los testimonios son confusos. Todas eran heteras o cortesanas, es decir, prostitutas. La primera Lais de Corinto vivió en la época de la Guerra del Peloponeso, destacó por su gran belleza, y catapultándose desde la cama fue amante del filósofo Aristipo y del deportista Eubotas de Cirene, que alcanzó los laureles en los juegos olímpicos. Murió alcohólica. La otra Lais de Corinto fue amante de Apeles y de Demóstenes y vivió en el siglo IV a. C.

Allí devora el hospital infecto,
con caridad cruel, cuerpos malsanos,
y el jugador allí, sobre el tablero,   485
echa el dado infernal desesperado.
¡Cuántos niños llorosos en la cuna
son de sus propias madres desechados!
¡Cuántos jamás de un padre recibieron
ni una sonrisa, ni un ligero halago!   490
¡Cuánto delito oculto y dolor sordo!
¡Cuánta sangre vertida y cuánto llanto!
Tiembla la humanidad…». Mas, enseguida
las imágenes dulces repasando
de arroyuelos, de céspedes y grutas,   495
se nos presentan con mayor agrado
los céspedes, las grutas y arroyuelos,
y el corazón, que estaba tan amargo,
se consuela y ensancha placentero
con la Naturaleza en su regazo.   500
    ¿Y por qué yo, que doy gratas lecciones
de adornar y vivir siempre en los campos,
no he de poder gozar de lo que adoro?
¡Oh campos, mis amigos, mis paisanos!
¿Cuándo os volveré a ver? Allá podría   505
gustar del sueño en plácido letargo,
divertirme con clásicos autores
y, dejando correr con ocio grato
mis indolentes horas, beber quieto,
como en la fuente del Leteo sacro,[145]   510
el olvido sabroso de la vida,
de todos los vivientes olvidado.

---

[145] Chompré lo define como el «río del infierno, de cuya agua tenían obligación de beber las almas, con lo que al instante olvidaban enteramente lo pasado. Es el mismo que el río del olvido».

Entretanto, sembrad en vuestros versos
las figuras y tropos manilargo;
con lo fuerte, mezclad lo que es más dulce;   515
con lo risueño, aquello que es opaco,
y que la misma voz, con su sonido
el objeto me pinte, al escucharlo,
con verso vivo, al céfiro ligero,
al parlero raudal, con verso claro,   520
al torrente que hierve y se revuelca,
con versos escabrosos tumultuarios,
al buey, que lento rompe el suelo duro,
con rimas cortas y vocablos tardos,
pero al gamo, que rápido hace fuga,   525
con sílabas que vuelen a alcanzarlo,
y así de vuestro canto, la cadencia
imitando la acción, la irá pintando.
Mas, con todo, serás harto dichoso,
a pesar de estos próvidos cuidados,   530
si tienes que pintar siempre con fruto
alegres días, puntos bien situados.
Así, cuando dictares en tus versos
los rústicos preceptos, abre franco
de tu vena poética el tesoro.   535
¿Es árido el precepto? Adornároslo.
¿Es fastidioso? Préstale alegría;
dale nobleza real, si es ordinario.
¿Interrumpe tal vez en tus lecciones,
la serie del discurso?, Para..., haz alto...   540
Y al lector, que te sigue atentamente,
dale en un episodio algún descanso.
Aprende, pues, de Homero; él, describiendo
la labranza feliz, siempre que al cabo
llega del surco el buey, a quien persigue   545

la cruel guijada[146] tras del recio arado,
daba a beber un generoso vino
al labrador, del mucho afán sudado,
el cual, con el cordial fortalecido,
no sin nuevo placer volvía al trabajo.   550
    Mas, ¿para qué lecciones ni consejos,
si es bastante deciros, y aun sobrado,
leed a Virgilio? Ved con qué armonía
enseñaba el cultivo a los romanos.
¡En sus pinceles qué verdad tan pura!   555
Un limpio arroyo en donde ve fluctuando
su imagen bella una pastora joven,
no la copia jamás con primor tanto.
En sus versos respira la Edad de Oro;[147]
leed a Virgilio, que felice[148] llamó   560
al que sabe gustar de sus hechizos,
¡y qué infeliz al que no ha derramado
algunas lagrimillas al leerlo!
Cuando con voz melosa dice: «¡Oh honrado,
oh venturoso viejo, tú conservas   565
todavía tus trojes y tus campos!».
Cuanto este feliz viejo me interesa
y el vergel que plantó y el techo ahumado
que le ha visto nacer; pues me imagino,
que estoy con él y que él me está mirando.   570

---

[146] Aguijada.

[147] En Los trabajos y los días, Hesíodo recoge el mito de las diferentes razas que se han sucedido desde los comienzos de la Humanidad. Al principio, afirma, existió una «raza de oro», que coincidió con el reinado de Crono en el Cielo. Los hombres vivían como dioses, al abrigo de las penalidades y miserias. No conocían la vejez y pasaban su tiempo, siempre jóvenes, en medio de festines y banquetes. La muerte era un dulce sueño.

[148] Feliz.

¿Y si pinta la tierna tortolilla
y al palomito, que se está arrullando?,
¿a la abeja, que zumba en el romero?,
¿al leñador, que canta al pie del árbol?
¿o al raudal frío?, ¿qué pintor del mundo   575
dio mejor colorido a hermosos cuadros?
Pero ¡qué es lo que escucho! ¿Qué voz suave
suena con melodía? Es la de Galo,
que canta a su Lycoris,[149] que está ausente
y, en favor de Lycoris, va rogando   580
al hielo, sobre el cual sus plantas tiernas
han de pisar, que no le impida el paso.
   Musa de la égloga, sin igual Virgilio,
maestro mío, cuando por ensayo
yo resolví cantar los campos bellos,   585
todos los fui corriendo y observando,
el bosque, el prado, el monte, el río…
Yo te leí después y vi con pasmo
que la Naturaleza y tú eran uno.
Perdona, pues, si mi ambición, osando   590
tomar de tu guirnalda algunas flores,
quiso imitar tus superiores rasgos.
¡Oh, si hubiera podido darles vida,
así como en el alma fiel los guardo!
Mas ellos fueron mi primer estudio   595
Y, si no hacen mi gloria, hacen mi encanto.

---

[149] Alude a la égloga décima de Virgilio.

De esta manera, mientras la Discordia[150]
llenaba el universo de atentados,
yo feliz celebraba, con voz libre,
entre rocas silvestres solitario,   600
Naturaleza, campos, artes y hombres.
Ojalá que los cielos soberanos
a mi lira campestre sean propicios,
y que yo, en galardón de mis conatos,
ver pueda aún algunas primaveras   605
en medio de los campos, que tanto amo,
solo viviendo para mis amigos,
para mi gabinete y libros raros.

FIN

---

[150] Esta diosa fue expulsada del cielo, ya que indisponía continuamente a los dioses entre sí. En tiempos de Viera se la representaba con la cabeza llena de culebras, una antorcha encendida en una mano, y una culebra y un puñal en la otra; el color cárdeno, la vista torcida, la boca espumosa y las manos ensangrentadas.

Índice onomástico